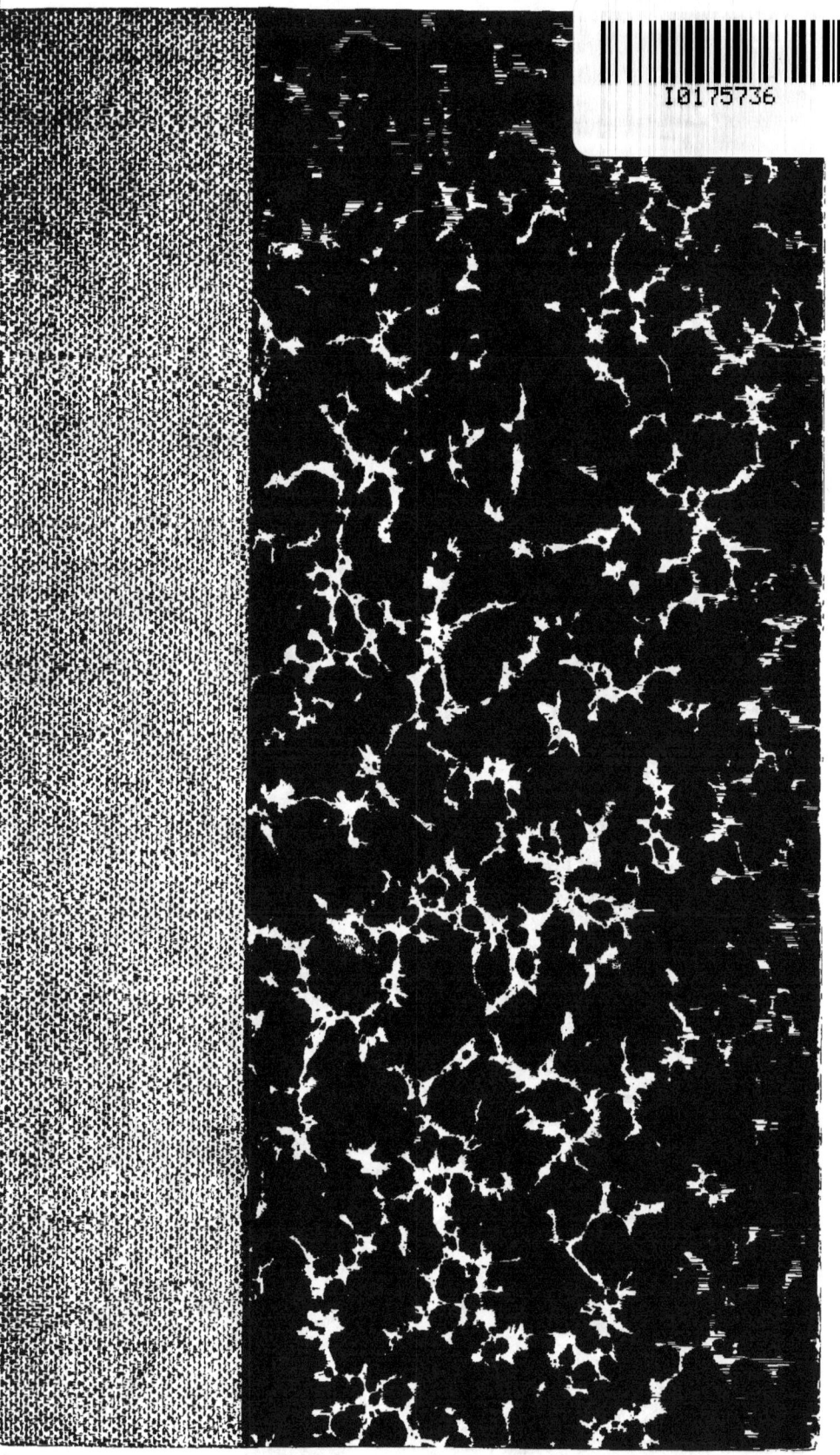

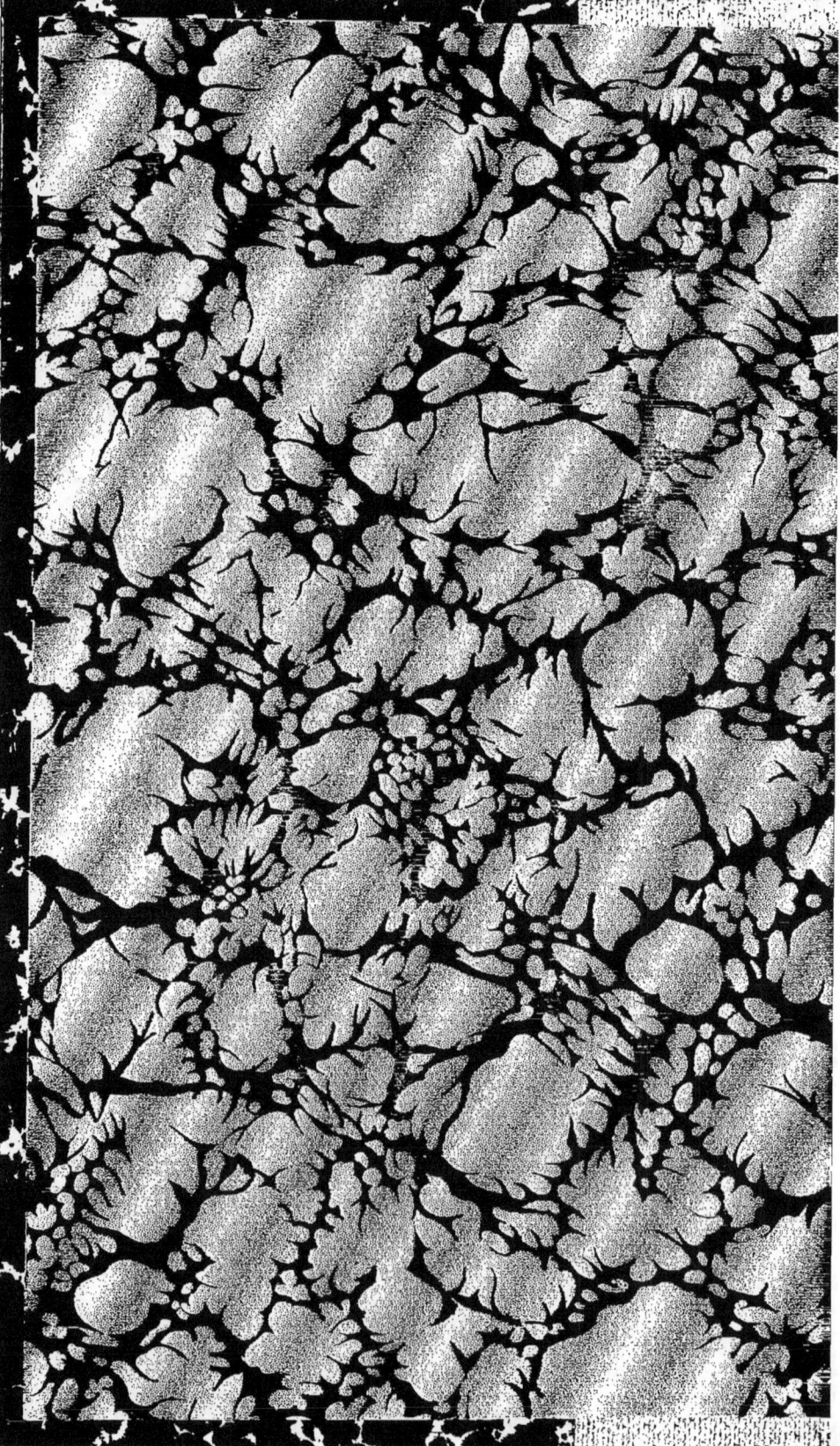

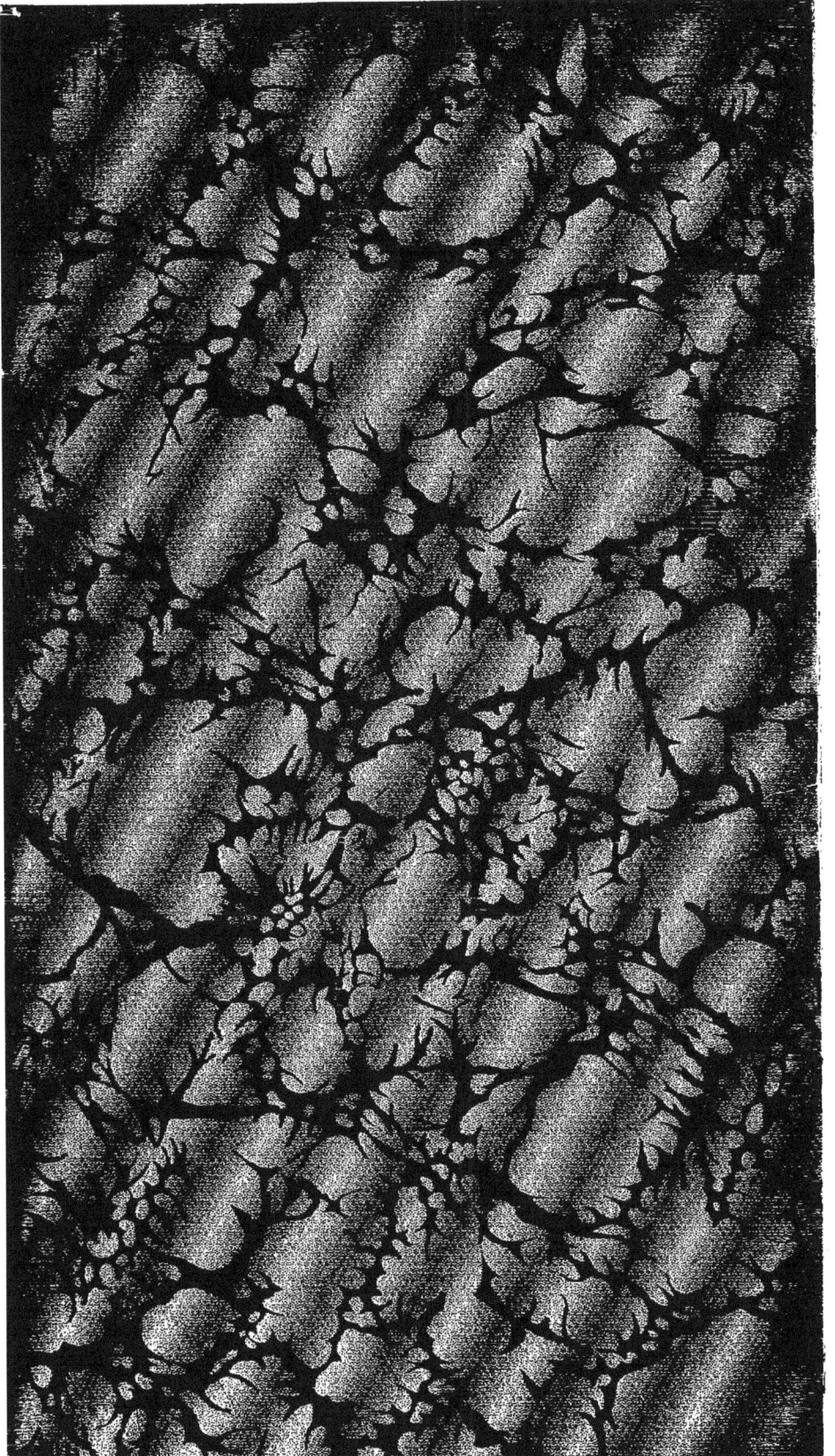

Souvenirs de Guerre

※

PARIS
IMPRIMERIE-LIBRAIRIE MILITAIRE UNIVERSELLE
L. FOURNIER
20, Boulevard Saint-Germain, 20

1913

René THOREL

Souvenirs de Guerre

PARIS

IMPRIMERIE-LIBRAIRIE MILITAIRE UNIVERSELLE
L. FOURNIER
264, Boulevard Saint-Germain, 264
(En face le Ministère de la Guerre)

1918

Capitaine René THOREL
347ᵉ Régiment d'Infanterie
24ᵉ Compagnie
TOMBÉ AU CHAMP D'HONNEUR LE 8 JUIN 1916
A FLEURY-SOUS-THIAUMONT

RENÉ THOREL

Un chef est un exemple.

Rien n'est plus délicat que d'écrire sur un ami. Outre l'instinctive pudeur que l'on éprouve à mettre son cœur à nu, — « les épanchements de l'amitié se retiennent devant un témoin », a dit Jean-Jacques Rousseau — on ne peut se dissimuler que l'affection même dont on se targue ne soit capable d'éveiller, auprès des profanes, quelque soupçon de partialité. Si honorables que soient ces scrupules, ils ne sauraient pourtant conduire à un excès contraire qui friserait la lâcheté. Stendhal affirmait que la crainte du ridicule était la pierre de touche de l'amitié. Ici, nous n'avons ni à redouter cette épreuve, ni à rougir de nos sentiments, ni à verser dans le dithyrambe.

René Thorel était l'homme le plus simple et le plus modeste du monde. Il eût été le premier surpris qu'on le qualifiât de héros. Et, cependant, il le fut réellement ; non pas une fois, par hasard ; non pas seulement par sa mort glorieuse ; mais souvent, de parti pris, si l'on peut dire, de toute sa volonté, de toute son âme.

« Un chef est un exemple ! » se plaisait-il à dire souvent. Et, durant toute sa campagne de guerre, il sut mettre en pratique, sans défaillance, cette admirable parole. Du premier jour de la mobilisation jusqu'au moment où il succomba, il fut un perpétuel exemple pour ses hommes — qui l'adoraient — comme il avait été auparavant, dans la vie civile, l'infatigable apôtre du plus noble et du plus généreux idéal.

C'est pourquoi, en recueillant dans cet opuscule, sous le

patronage de sa famille, les reliques de sa pensée et de sa plume, nous n'avons pas eu seulement le dessein d'ériger un monument de piété fraternelle à sa mémoire, mais nous avons encore conçu l'espérance qu'un tel exemple pourrait être profitable à tous et qu'une salutaire leçon se dégagerait de l'examen rapide de cette trop courte, mais si lumineuse carrière !

Il peut paraître superflu, lorsqu'il s'agit d'exalter l'héroïsme d'une victime de la guerre, de faire précéder le récit de ses exploits d'une assez longue énumération biographique, en apparence bien étrangère au sujet. S'il n'était question, en effet, que de relater des prouesses militaires (ou d'apporter une légère contribution à l'histoire des événements qui depuis plus de trois ans, secouent le monde entier), ce regard en arrière sur la vie privée d'un combattant — qui ne se flattait, comme tant d'autres, que de faire simplement et obscurément son devoir — serait peut-être dépourvu d'intérêt pour le grand public.

Mais, dans une vie comme celle de René Thorel, tout se tient, tout s'enchaîne, tout s'éclaire, au reflet des moindres détails ; parce que c'est surtout une vie d'âme que l'on a l'heureuse fortune d'évoquer et que nulle ne fut plus droite, plus unie, plus digne de servir d'exemple et de leçon.

*
* *

Né à Paris, le 9 juin 1877, appartenant à une famille de notables commerçants, René Thorel avait fait ses études à l'école Gerson, où il avait reçu, à la fois, une instruction solide et une éducation de premier ordre. D'une nature franche et droite, il n'avait donné que des satisfactions à ses maîtres dont plusieurs restèrent pour lui, dans la suite, de véritables amis. Rompu à la discipline traditionnelle de cette vieille et célèbre école, épris dès l'enfance du sentiment de l'honneur, ardent, enthousiaste, il rêvait d'embrasser la carrière militaire et suivit, dans ce but, les cours de préparation à l'école de Saint-Cyr.

Alors que tout semblait favoriser sa vocation, un obstacle surgit qui l'en détourna brutalement : à l'issue d'un examen passé au Val-de-Grâce, il apprit que sa myopie l'empêchait d'être reconnu « Bon pour le service ». Ce fut, pour lui, la première et, disait-il plus tard : « la plus grande déception de sa vie, qu'il croyait brisée à jamais. »

Mais il n'était pas homme à se laisser longtemps abattre. Et, quoique d'une situation sociale qui lui assurait une assez large indépendance, il eût eu honte de rester inactif. En dehors de sa passion pour les choses militaires, il avait un goût très sûr et une réelle compétence en maintes matières artistiques, en musique particulièrement.

Honoré de l'amitié de Saint-Saëns par ses relations de famille, il avait voué au maître une admiration sans bornes qui se traduisait par les manifestations les plus variées et les plus touchantes. Il avait réuni, entre autres, une documentation énorme sur l'œuvre du célèbre compositeur qui eût fini par constituer un véritable musée dont il rêvait de faire la surprise au maëstro. Car il était grand collectionneur. Mais, tous les matériaux qu'il accumulait ainsi, n'étaient pas tant, pour lui, des objets de vitrine que des outils de travail, dont il aimait à se servir pour répandre ses idées. L'épée lui ayant fait défaut, il se plaisait, en effet, à manier la plume. Et, comme il avait par-dessus tout le culte du beau et du bien, ce qu'il écrivait — au hasard de l'inspiration — visait toujours un but agréable ou utile : une belle œuvre à mettre en lumière, un abus à redresser, un progrès à accomplir, un problème historique à élucider, un événement fameux à commémorer, tout lui servait de prétexte à développements philosophiques, littéraires ou pittoresques du plus vif intérêt.

Innombrables furent ainsi les articles qu'il sema aux quatre coins de la presse et dont la nomenclature annexée à cet ouvrage ne pourra donner qu'une faible idée. Plus innombrables encore, les manuscrits inachevés qu'il laissa et dont les sujets, les tendances, la facture même révèlent l'esprit le plus curieux, la conscience la plus honnête, le cœur le plus large, l'âme la plus haute.

*
* *

En dépit des succès obtenus par ses incursions sur le domaine artistique — il avait appartenu, quelque temps, à l'administration des Beaux-Arts — René Thorel ne se sentait pas sur son vrai terrain. Toujours hanté du prestige militaire, il se consolait de sa disgrâce en étudiant les rouages de notre armée et les conditions possibles de leur amélioration. Dans son cabinet de travail, encombré d'armes, de trophées et de bibelots évoquant des souvenirs de bataille, il se plaisait sans doute à célébrer nos gloires nationales. Mais il rêvait surtout, avec son bon sens pratique, de détruire quelques préjugés néfastes trop enracinés dans l'administration de la guerre, d'introduire à la caserne quelques innovations heureuses permettant d'assurer à nos soldats un peu plus d'hygiène, de réconfort et de bien-être.

Il fallait voir la joie de ce brave cœur lorsqu'une de ses campagnes de presse aboutissait à un résultat tangible ! Une fois, notamment, ce lui fut l'occasion d'une belle revanche. Au cours d'un voyage en Alsace-Lorraine, il avait pu constater que de nombreux soldats allemands, beaucoup plus myopes que lui, étaient admis à servir en portant des lunettes ou des binocles. Là-dessus complétant son enquête, il écrivit une étude très documentée et très judicieuse, réclamant une atténuation aux rigueurs des règlements militaires sur cette question. Et, quelque temps après, un décret ministériel modifiait, en effet, sensiblement le degré de myopie dans le sens qu'il indiquait.

Cette première victoire l'encouragea à reprendre ses démarches pour entrer dans l'armée. Elles se heurtèrent encore à maintes difficultés. Mais, grâce à sa ténacité, grâce à la protection bienveillante du général Barry, qui le tenait en haute estime, il put enfin réaliser son rêve, en se faisant incorporer dans le 33e régiment d'infanterie, en garnison à Arras. N'ayant pu être officier, il devenait soldat. Et, quel soldat !... Est-il besoin de le dire, avec de pareils antécédents ? Nommé caporal au bout de six mois (le minimum à cette époque) et sergent six mois plus tard, il termina son engagement sans aucune punition, ayant fait la conquête de ses chefs comme de ses camarades.

Un incident de sa vie d'alors lui permit de donner la mesure de sa valeur morale. Il allait partir en permission pour Paris lorsque éclata, soudain, la grève tragique consécutive à la catastrophe de Billy-Montigny-Courrières. Son régiment était envoyé aussitôt sur les lieux, pour assurer l'ordre et réprimer les troubles. Il assista à des scènes déchirantes lorsqu'on remonta des cadavres de la mine. Il se dévoua, de toutes ses forces, pour les malheureux « rescapés » dont il mérita encore la reconnaissance, bien longtemps après, par les nombreux articles qu'il publia en leur faveur. Enfin, quoique son cœur se serrât, d'avoir à lutter contre des grévistes, contre des Français, il sut user de tant de sang-froid, de patience et de bonté dans le rôle qui lui incomba, qu'il vint à bout des natures les plus rebelles et les plus dangereuses.

Ayant ainsi vécu de la vie intime du troupier, connaissant ses qualités et ses défauts, sachant les dangers qui le menacent dans la zone des casernes, il s'était mis en tête de le protéger, de l'éclairer, de le rendre meilleur.

Pour commencer, il avait pris l'initiative de le distraire, organisant des représentations théâtrales où il se révélait tour à tour metteur en scène ingénieux, acteur, musicien, chef d'orchestre. Et déjà, germait en son esprit le projet qui devait aboutir à son œuvre capitale : le « Cercle du Soldat ».

*
* *

Pénétré de cette idée, qu'une fois son service accompli, le soldat — éloigné de sa famille, sans relations dans la ville — était une proie facile pour les tentations, René Thorel envisagea les moyens d'occuper son désœuvrement, et de divertir sa solitude afin de le soustraire aux deux plus graves périls qui le menaçaient : l'alcoolisme et la débauche. Il n'ignorait pas que de nombreux efforts avaient été déjà tentés, dans ce but, en France et à l'étranger. Il était allé exprès à Londres, en compagnie de son ami Couvreux — plus tard, vice-président du Cercle — pour étudier l'organisation de l'*Union Jack-Club*. Il avait réuni, sur ce sujet, une foule de renseignements. Et il n'avait pas attendu de quitter sa chambrette de sous-officier pour en tirer profit. Son volumineux et si intéressant ouvrage : *Un Cercle pour le Soldat*, avait été, en effet, commencé à Arras. Libéré du service, il l'achevait promptement et le soumettait, par voie hiérarchique, au général Lebon, commandant le 1ᵉʳ Corps d'Armée. Par cet acte de déférence, René Thorel voulait montrer qu'il faisait, dans ce livre, moins œuvre de publiciste que de sincère ami de l'armée.

Encouragé dans sa tentative, décoré des palmes académiques, il ne se croyait pas pourtant arrivé au terme de sa mission. Car ce livre n'était pour lui qu'un moyen. Le but, c'était la fondation du Cercle :

« La ville de Londres — écrivait-il — possède, depuis 1907, un Cercle militaire pour ses troupes, l'*Union Jack-Club*. Pourquoi Paris ne posséderait-il pas un semblable lieu de réunion ? »

Enfin, son vœu fut exaucé. Presque sans appui, avec ses seules ressources, au prix de mille difficultés, le 1ᵉʳ octobre 1909, il parvenait à inaugurer, dans un local de la rue Chevert, le « Cercle National pour le Soldat de Paris ».

« Le grand mérite de René Thorel — écrivait plus tard Lucien Descaves — est d'avoir agi tandis que d'autres parlaient... L'idée de fonder un Cercle pour le soldat, était en germe dans les avertissements réitérés que faisaient entendre des hommes éminents, inquiets de l'avenir de la race. Il appartint à René Thorel de réaliser le premier une tentative de sauvetage à Paris. »

A dater de ce jour, René Thorel ne vécut plus que pour son Cercle. Il y passait la majeure partie de son temps, il y consacrait le plus clair de ses revenus, y apportant de continuelles améliorations, y organisant sans cesse des réunions ou des spectacles, y galvanisant tout le monde par son activité débordante. Que de fois ne l'a-t-on pas vu, trépidant, courant tout Paris pour obtenir le concours d'un artiste, ou l'insertion d'un compte rendu ! Ce qu'il n'eût jamais osé demander pour lui-même, il le sollicitait avec crânerie pour son Cercle et l'on peut dire que, s'il en a été le fondateur, il en a été aussi la cheville ouvrière, le bienfaiteur, l'âme même.

Au milieu des soldats de toutes armes qu'il accueillait ainsi, rue Chevert, auxquels il épargnait tant de déboires, auxquels il donnait l'illusion d'une nouvelle famille, auxquels il communiquait sa flamme patriotique, René Thorel était le plus populaire et le plus heureux des hommes !

Si indifférente que soit parfois l'opinion pour les plus belles causes, une telle œuvre ne pouvait passer longtemps inaperçue. Placée sous le haut patronage du Président de la République et sous la présidence d'honneur du général de Lacroix, ancien généralissime de l'armée française ; encouragée par les plus hautes autorités militaires ; visitée par le général Michel, gouverneur de Paris, elle obtenait des subventions précieuses du ministère de la guerre, de la Ville de Paris, de l'Union des femmes de France (Croix-Rouge française), de la Société de Prophylaxie sanitaire et morale, etc., et des distinctions honorifiques : diplôme d'honneur de la Ligue nationale contre l'alcoolisme médaille de vermeil de la Société nationale d'encouragement au Bien, prix Montyon de l'Académie française, etc. Chaque jour, son fondateur recevait des lettres d'encouragement des personnalités les plus marquantes du monde militaire Joffre, Pau, Gallieni, Lyautey, Gouraud, d'Amade, Mangin, Niox..., etc., etc.

Ah ! comme ils étaient loin les jours pénibles où René Thorel ne rencontrait autour de lui qu'égoïsme et indifférence ! Le Dr V..., un grand ami de sa famille, le lui rappelait dans une lettre significative, à propos d'une de ces nombreuses manifestations artistiques qu'il ne se lassait pas d'organiser au bénéfice de son Cercle :

Mon cher Ami,

Au cours du charmant spectacle que vous nous avez offert, hier, mon esprit s'est échappé et je me suis pris à réfléchir à tout ce qu'il vous a fallu de dévouement, de patience, de sacrifices de toutes sortes et d'acharnement pour amener votre œuvre au point où elle est.

Ce qui me paraît, dans tout cela, le plus admirable, le plus difficile, c'est l'obligation que vous subissez, avec une héroïque abnégation, de solliciter des souscriptions. Combien n'oseraient pas, ne sauraient pas, ou se rebuteraient après les inévitables insuccès !

Mais vous, comme les petites sœurs des pauvres, vous allez frapper de porte en porte, soutenu par la beauté de votre but. Et pourtant, que de découragements vaincus, malgré l'indifférente inertie des masses ou la rivalité de tant d'autres bonnes œuvres !

Je ne vous cache pas, aussi, que j'ai été étreint par une profonde émotion, quand je me suis représenté toutes ces mères lointaines qui bénissent, du fond de leurs campagnes, le « Monsieur » de Paris qui les remplace un peu auprès de leurs gars !

C'était là la suprême récompense. Car rien ne pouvait mieux toucher un cœur aussi bon que les sentiments de gratitude dont ses obligés et leurs familles lui multipliaient les témoignages, sous les formes les plus inattendues, les plus naïves parfois, mais toujours les plus sincères. Que de lettres d'anciens habitués du Cercle, que de lettres de mamans reconnaissantes, lui ont ainsi procuré les plus pures joies de sa vie !...

***

Entre temps, René Thorel poursuivait avec persévérance son idée de conquérir de nouveaux grades dans l'armée. Nommé sous-lieutenant de réserve, quelque temps après sa libération du service, il s'était fait inscrire, à l'Ecole militaire, au cours spécial d'instruction des officiers de réserve, où son assiduité et son application lui valurent un diplôme du ministre de la guerre. Toujours admirablement noté, il accomplit ses périodes réglementaires et fut nommé lieutenant au 147e régiment d'infanterie, en garnison à Sedan. Ce titre n'était pas, du reste, pour lui, purement honorifique. Brûlant du désir de développer ses capacités militaires, il menait campagne dans la presse en vue de l'admission des officiers de réserve dans l'armée active et il obtenait, en prévision de l'heureuse issue de cette campagne, son affectation au 1er régiment étranger.

Sur ces entrefaites, la guerre éclata. Le jeune lieutenant eût dû rejoindre le 1er étranger en Algérie. Mais, impatient de combattre l'envahisseur, il s'efforça avant tout d'éviter ce détour. Assiégeant sans répit les bureaux du ministère de la guerre, il parvint enfin à être réintégré dans son ancien et cher régiment.

Son ordre de service, lui enjoignant de se rendre à Sedan sans délai, lui parvenait à onze heures du matin, le 3 août 1914. Deux heures après, il était à la gare de l'Est, prêt à faire son devoir, vibrant d'enthousiasme au milieu des manifestations patriotiques qui accompagnaient en tous lieux le départ ou le passage des troupes.

Une déception l'attendait pourtant encore à Sedan : son

giment, déjà parti au-devant de l'ennemi, n'y était plus et lui était impossible de le rejoindre !

Incorporé, à défaut, au 347ᵉ d'infanterie, il commençait campagne à Donchery par un délicat service de surveillance et de protection aux abords des ponts ou voies stratégiques par lesquels plusieurs de nos armées se rendaient Belgique et qu'on savait menacés par une nuée d'espions stés dans le pays.

Pendant cette période de concentration, René Thorel eut gréable surprise de voir défiler, près de son cantonnement, le 1ᵉʳ régiment de cuirassiers. C'était l'un de ceux qui, rmant la garnison de Paris, avaient le plus souvent fréquenté son Cercle. Les officiers, sous-officiers et cavaliers le connaissaient en passant et l'acclamaient à qui mieux ieux, prouvant par cette ovation spontanée en quelle time ils tenaient tous leur collègue ou leur bienfaiteur.

Le 10 août, son régiment se met en route, non plus pour simples opérations de police, mais pour aller, cette fois, jeter lui aussi dans la fournaise. Ce départ est solennel. colonel ayant réuni ses officiers, leur tient une martiale rangue, frénétiquement applaudie. Puis, ses camarades ussent René Thorel au piano et réclament la *Marseillaise*. omme transporté de fièvre patriotique, le jeune officier attaque les premières notes de l'hymne national, dont l'auditoire émissant reprend en chœur le refrain. « C'était grandiose ! » pporte-t-il dans ses notes intimes...

Alors, ce fut la vraie montée du calvaire : marches longues épuisantes sous un soleil de feu, rudes manœuvres, alertes erpétuelles. On traverse ainsi Giraumont, Bel-Air-sur-Charville, Houldizy, Eton, les Hautes-Rivières.

Ces premières épreuves n'ont altéré, chez René Thorel, ni clarté de l'esprit, ni la candeur de l'âme. Sur son journal route, il dépeint en poète les paysages rencontrés, les ènes prises sur le vif.

Ici, un champ de bruyères roses évoque à ses yeux d'artiste le souvenir d'un tableau de Didier-Pouget. Là, c'est un chemin creux qui l'enchante, avec « ses sentiers bordés de chèvrefeuilles, de noisetiers et de framboisiers sauvages, à travers lequel un ruisselet gazouille, moiré parfois par le sillage d'une truite argentée ». Mais ce qui l'émeut le plus, c'est l'accueil fait à ses soldats par les patriotiques populations de la frontière :

« La foule, massée le long de la route, nous jette des fleurs, — écrit-il, le 22 août, après la traversée des Hautes-Rivières — elle verse du café à mes hommes, distribue des œufs, des tartines de confitures. C'est un enthousiasme indescriptible ! Nous passons fiers, le torse redressé, émus de tant de générosité ; car ces braves gens donnent tout ce qu'ils ont et manqueront peut-être demain du nécessaire.

« — Qu'importe ! me dit une mère... Moi aussi, j'ai mon fils à la frontière !... »

A Saint-Aignan, le lieutenant Thorel reçoit le baptême du feu. Puis, le 30 août, au combat d'Ecordal, il est chargé de porter secours à une compagnie fortement engagée, manquant à son tour de tomber dans une dangereuse embuscade. Et c'est à grand'peine qu'il rallie les siens, dont un grand nombre furent sauvés, ce jour-là, par sa perspicacité et son sang-froid.

Après, vinrent les heures tragiques de la retraite. Impuissantes à contenir la ruée d'un ennemi formidablement outillé, et préparé depuis longtemps à cette guerre d'agression, les armées françaises se repliaient en combattant, de la Belgique à la Marne. Le 347e prenait une large part à cette terrible épreuve. Dans son carnet de route, René Thorel note que, pendant quinze jours, par 39 degrés de chaleur, il a dû avec ses hommes, poursuivre d'interminables marches, sans changer de linge et de chaussures, presque sans prendre de repos et de nourriture, réduits parfois à ramasser les croûtes et reliefs d'aliments laissés sur les routes par les troupes qui les précédaient.

« Les villages brûlent — écrit-il — les chevaux crèvent dans les champs, les chiens errent, les habitants fuient... et les Allemands nous suivent comme des loups ».

Enfin, le 8 septembre, à Fère-Champenoise, il participe aux premiers engagements décisifs de la gigantesque bataille de la Marne. Sa conduite y est si brillante qu'il est nommé capitaine au cours du combat (1). Après avoir vaillamment

---

(1) Cette promotion, faite sur le champ de bataille à titre temporaire, fut ratifiée par le Grand quartier général au mois de janvier suivant.

soutenu une rude attaque nocturne, il se trouve seul avec sa section, le jour venu, aux abords du village, presque entièrement encerclé par l'ennemi, alors que le bataillon avait déjà reçu l'ordre de se replier. Il n'y a pas à hésiter : il lui faut, à son tour, reculer dans le plus bref délai possible et dans les conditions les plus périlleuses. Mais il est si prudent et si avisé à la fois, qu'en exécutant cette manœuvre, il trouve encore moyen de rassembler autour de lui plus de soixante hommes de toutes armes égarés au cours de l'attaque. Blessé au pied d'un éclat d'obus, il continue à se battre, sans vouloir même se laisser panser. Le capitaine Lambin, son chef, s'aperçoit heureusement de son état et le fait aussitôt transporter dans une ambulance, d'où — par crainte de la gangrène — le major ordonne son évacuation vers une formation sanitaire plus confortable. En ce temps-là, le service de santé laissait beaucoup à désirer. Le blessé, après quelques pansements hâtifs, est envoyé successivement à Anglure, puis à Cahors, où il arrive, non sans peine, après soixante-dix heures de voyage, dans un wagon à bestiaux, ayant échappé miraculeusement au tétanos...

Je ne m'étendrai pas longuement sur son séjour à Cahors et à Saint-Nazaire où, après un mois de soins, il vint achever sa convalescence au dépôt de son régiment.

Pendant ce repos forcé, le jeune capitaine ne cesse d'avoir la hantise des mêlées glorieuses auxquelles il a pris part. Sa pensée attendrie le reporte constamment « vers ceux qui, sans pain, sans eau, sans rien » continuent à se battre ; vers ceux « qui dorment dans les plaines de la Marne »; et, comme une obsession, cette phrase revient à chaque instant dans son journal : « Je voudrais retourner au feu avec mes hommes... s'il en reste ! »

En attendant, on lui en donne d'autres à instruire, de jeunes recrues, des bleus de la classe 1915, en faveur desquels il déploie ses remarquables aptitudes d'éducateur. Sa méthode d'enseignement et de commandement était à la fois si souple, si franche et si cordiale, qu'il transfusait à toute cette jeunesse son propre enthousiasme et qu'il pouvait se flatter d'avoir autant d'amis que de soldats. Et comme il les aimait aussi !... Une nuit, l'ordre lui vient d'expédier au front un contingent de ses hommes. Cela « lui crève le cœur », car il sait par expérience ce qu'ils auront à souffrir. Mais, jusqu'au bout, il les assiste, il les accompagne à la gare, il les électrise par sa belle humeur. Au moment où le train démarre, il leur fait entonner la *Marseillaise*. Puis, il rentre tristement à la caserne, « pensant à ces enfants, dont beaucoup ne reviendront pas ». Et il ajoute : « Heureusement qu'il faisait nuit, car on aurait vu que je pleurais !... »

Cette vie d'arrière, si bien occupée qu'elle fût, ne satisfaisait pourtant pas entièrement les goûts d'activité et de dévouement du capitaine Thorel. Au commencement de 1915, il demandait à retourner au front ; et, dès la fin de janvier, il inaugurait ses nouvelles fonctions dans les environs de Reims. Ce n'était plus la guerre bruyante de mouvement et de plein air, qu'il avait faite au début, avec tant d'entrain, malgré tous les déboires ; mais la guerre de tranchées, silencieuse, immobile et obscure, qui exigeait des combattants une nouvelle forme de courage et de nouvelles vertus. Celles de René Thorel étaient à la hauteur de la tâche. Aucun chef n'eut, avec la plus parfaite notion de ses devoirs militaires, le plus scrupuleux souci du bien-être de ses hommes. Son secteur était un modèle. Outre les travaux réglementaires de sécurité qu'il y faisait exécuter (réseaux de fils de fer barbelés, tranchées de flanquement, redoutes, abris, etc...), il s'ingéniait à y apporter mille perfectionnements pour l'hygiène ou la commodité des défenseurs. Il songeait à tout, procurant à ses « chers poilus » de bonnes marraines, pour leur réconfort physique et moral ; de chauds vêtements, pour les nuits froides ; du linge frais, après leur séjour dans les tranchées boueuses ; des lectures, des jeux, des concerts, pour les heures d'inaction... Et c'était lui le plus heureux quand il réussissait à obliger quelqu'un : « J'ai avec moi — lit-on dans ses notes — de nombreux gars du Nord et des Ardennes, qui n'ont jamais reçu des nouvelles des leurs, ni argent, ni rien... Quelle affreuse situation ! Et personne ne se plaint. C'est admirable ! Aussi, quel bonheur pour moi, quand je puis leur procurer quelque satisfaction ! »

Comme un bon berger, il veille nuit et jour sur son troupeau : « Ma journée est finie et mes hommes dorment... — écrit-il, à la date du 9 mars 1915. — Alors, vêtu de ma peau de bique, je sors et je vais inspecter les postes de combat.

La nuit est couleur d'encre et je me guide dans les boyaux avec ma canne. Soudain, je heurte un corps. Est-ce un Boche ?... Non, mais une de mes sentinelles, un poilu emmitouflé dans des cache-nez, serré dans sa peau de mouton, des sabots aux pieds. Il ne dort pas. Il veille à son poste, fidèle, attentif au moindre bruit. Et je passe, tandis que les balles sifflent au-dessus de moi... »

D'une rare sensibilité d'âme, il s'émeut avec ravissement du réveil de la nature, à la saison printanière, du chant des alouettes, des premières verdures, des premières fleurs...

De son poste de la Pompelle, il assiste, jour par jour, la conscience révoltée, le cœur serré, au martyre de Reims et de sa cathédrale. Et, chaque fois qu'il le peut, il parcourt les cimetières voisins, réparant et entretenant les tombes des soldats, les fleurissant de myositis ou de pensées ; cherchant surtout à repérer avec exactitude les inscriptions, afin de pouvoir satisfaire la légitime curiosité des familles. Que de pauvres mamans lui ont dû ainsi la consolation de savoir où reposaient leurs fils et de quel culte pieux leur sépulture était entourée !

Cependant, le secteur qu'il occupait n'était rien moins que sûr et tranquille. Les bombardements, les fusillades, les gaz asphyxiants, les bombes aériennes, les engins de toute sorte y faisaient rage, occasionnant — en dehors des attaques — d'assez nombreuses victimes. Lorsqu'un des siens succombait, René Thorel en était affecté comme s'il eût perdu un parent. Les fatigues, les intempéries, les privations, l'avaient lui-même fortement éprouvé. Souffrant des yeux, du foie et des reins, il dut, malgré tout son courage — et non sans résister encore à la pression de ses chefs — se laisser évacuer vers une ambulance et, de là, vers le centre hospitalier de Louvois. Après un mois de soins et quelques jours de congé passés dans sa famille — qui ne devait plus le revoir, hélas ! — il vint reprendre son poste de combat aux avancées de Reims, à la fin d'avril 1916.

Son seul regret était d'y poursuivre encore l'existence sédentaire des tranchées : « Quand donc reprendrons-nous la guerre en rase campagne, au lieu de nous terrer comme des taupes ? » s'écriait-il souvent. Ce vœu héroïque ne devait être, malheureusement, que trop vite exaucé. Le 31 mai, le capitaine Thorel reçut son ordre de départ pour une destination inconnue. Mais un pressentiment, dont il fit part à un ami, lui désignait déjà Verdun comme suprême étape, et « il *savait* qu'il n'en reviendrait pas, et il avait fait le sacrifice de sa vie ».

En effet, après s'être arrêté à Revigny, son régiment arriva dans la ville glorieuse, toute en ruines, pour la traverser seulement, avant de se rendre sur la ligne de défense qui lui était assignée, à Fleury-sous-Thiaumont.

« C'est l'entrée dans la fournaise — inscrit-il sur les derniers feuillets de son journal. — L'artillerie boche commence un tir de barrage. C'est un vacarme effroyable. Par milliers, les sifflements nous entrent dans les oreilles. Les obus tombent autour de nous. C'est atroce, c'est angoissant... Au bout d'une heure, par des sentiers de boue, où chaque mètre est marqué d'un trou d'obus, nous arrivons au village. Je le cherche des yeux : ce ne sont que des pans de murs. La route ?... Ce n'est plus qu'un ruisseau boueux. Il y a des cadavres partout et nous allons passer la nuit auprès d'eux.

« — Vos hommes auront peut-être peur ?... » m'avait dit le commandant.

« — Non, mes hommes n'ont pas plus peur des cadavres de leurs frères d'armes que de la mort elle-même. Tous, dans cette épouvante du tonnerre de la mitraille, nous avons fait le sacrifice de notre vie : aussi, pas de tremblote chez nous, mais un calme splendide, engendrant de la Beauté !... Nous traversons cette vision atroce, la tête haute, et nous bivouaquons là, dans ce cauchemar, où tout a été anéanti, où la mort nous attend... »

René Thorel et sa compagnie se sont installés dans les ruines d'une maison dont un seul obus achèverait l'effondrement. La cave, pleine d'eau, sert de poste de commandement. Une odeur pestilentielle s'en dégage, car des cadavres y restent, à demi enfouis sous les décombres. Ils ont quelques provisions. Mais personne n'a faim. La soif, seule, difficile à satisfaire, en ce charnier, les torture. Enfin, exténués de tant de fatigues et de souffrances, bercés par le bombardement, ils dorment une dernière fois, avant de mourir, sur les morts !...

Le 8 juin, à sept heures du soir, le vaillant capitaine reçoit l'ordre d'attaquer (1). Il rassemble ses braves poilus. Il leur adresse, d'une voix vibrante, un dernier appel de sublime patriotisme. Puis, les précédant, les entraînant, il s'élance à l'assaut, la canne à la main, criant de toutes ses forces : « En avant ! Et pour la France !... » Presque aussitôt, un projectile le foudroyait, face à l'ennemi...

Telle fut la vie, telle fut la mort de René Thorel. J'ai essayé d'en faire ressortir la belle unité et la sereine grandeur, sans phrases, avec la seule éloquence des faits et des documents justificatifs.

En voici un dernier, qui achèvera d'honorer sa mémoire : le texte de sa citation à l'ordre de la division, comportant la croix de guerre, en date du 21 juin :

« Le général commandant la 5ᵉ D. I., cite à l'ordre de la division : le capitaine Thorel (René-Marie-Eugène), du 347ᵉ régiment d'infanterie, tué à la tête de sa compagnie qu'il entraînait dans une contre-attaque sous un tir de barrage violent ».

Signé : BOYER. ».

Voilà comment s'immola — si généreusement, si complètement ! — à son idéal celui que j'ai eu la joie de connaître, celui que j'ai la fierté de glorifier aujourd'hui, celui que je pleure, malgré lui, avec tous ceux qui l'ont connu, c'est-à-dire qui l'ont aimé !...

Quel magnifique Livre d'Or on pourrait faire avec les attestations flatteuses, les témoignages de sympathie ou de gratitude reçus par René Thorel, au cours de sa trop brève carrière ; avec les condoléances émues transmises à sa famille après sa mort !... Les plus grands noms du monde littéraire y figureraient à côté de ceux du monde des lettres et des arts : les généraux de Lacroix, Lyautey, Bailloud, Lebon, Barry, Boyer ; le médecin principal, C. Radouan ; le colonel de Tinan, le commandant Nérel, le capitaine Bénédict, etc. ; Mmes Juliette Adam, Sarah Bernhardt, Félia Litvinne, Adolphe Brisson, Jane Dieulafoy, C. Spiers ; MM. Camille Saint-Saëns, Mounet-Sully, Marcel Dieulafoy, René Doumic,

---

(1) Le fort de Vaux était tombé la veille aux mains de l'ennemi. Cette contre-attaque était tentée dans le but de le reprendre.

Me Henri-Robert, Augé de Lassus, William Ablett, Auguste Dorchain, Fernand Doumer, l'abbé Debildos, l'abbé Clément, Stéphane Lauzanne, Dr Caradec, etc., etc.

⁂

Jusqu'à la fin, René Thorel pensa constamment à son Cercle et prit le soin d'assurer son avenir. L'établissement de la rue Chevert avait été converti en ouvroir, pendant quelques mois, au début de la guerre. Mais son fondateur, aussitôt que possible, l'avait fait restituer à sa destination primitive. Du fond de sa tranchée, il en suivait passionnément la marche et le progrès. En mars 1916, il écrit une lettre chaleureuse de remerciements à Mme Augé de Lassus qui avait habilement organisé un concert au bénéfice de son œuvre. Il ne cesse de correspondre avec les artistes, les journalistes et toutes les personnes capables, sinon de le remplacer, du moins de rendre son absence moins préjudiciable. Il exprime, dans son testament, son vœu suprême : « Cette œuvre est ma vie. Mon désir le plus cher est que, moi disparaissant, elle continue à vivre et à progresser en conservant strictement son caractère de neutralité militaire, avec le respect des croyances et opinions de chacun. » Et, même disparu, il semble encore la couvrir de sa protection mystérieuse : « Dites-vous que cette jeune vie a été bien remplie — écrit à ses parents Mme S..., une amie de la famille — dites-vous qu'il a laissé derrière lui une belle œuvre nationale qui conduira son nom — le vôtre — à l'immortalité. D'en haut, il veillera sur ce Cercle qui lui était si cher. Il en sera le protecteur plus puissant qu'il n'était ici-bas... » Enfin, voici en quels termes, lors de la dernière Assemblée générale des souscripteurs du Cercle, après avoir rendu un digne hommage à la mémoire de René Thorel, le rapporteur, M. Thomas, concluait : « Lorsque la paix victorieuse permettra à notre pays de reprendre le cours de ses occupations normales, le *Cercle national pour le Soldat de Paris* verra s'accomplir les destinées rêvées par son fondateur (1). Ce jour-là, René Thorel tressaillira de joie dans sa

---

(1) Le Cercle agrandi et définitif.

tombe et son âme inspirera et soutiendra encore ceux que vous aurez alors désignés pour diriger son œuvre. »

Après son Cercle, rien n'intéressait plus René Thorel que l'histoire de la grande guerre à laquelle il avait participé. Outre son journal intime, dont j'ai donné quelques extraits, il se plaisait à rédiger, de temps en temps, d'assez longues chroniques d'une aimable spontanéité, d'une observation sûre et, surtout, d'une sincérité d'émotion où il se révélait tout entier. Son intention était de les réunir plus tard en volume, sous le titre de « Souvenirs de Guerre ». En m'en adressant un spécimen, en avril 1915, il m'écrivait, en effet : « L'article que je vous ai envoyé n'est qu'un chapitre d'un livre que je compte publier après la guerre... si je reviens !... »

Il ne reviendra pas, hélas !... Mais, pour répondre à son désir, sa famille a bien voulu autoriser la publication posthume de ses impressions de campagne. Ce sont les pages qu'on lira ci-après. L'auteur eût assurément voulu les revoir et les corriger avant de les livrer à la publicité. Nous aurions eu scrupule, pour notre part, à y apporter la moindre modification.

Au surplus, telles quelles, avec l'évident intérêt documentaire qu'elles présentent en matière historique, elles auront aussi l'avantage de rendre, s'il est possible, plus sympathique et plus regretté celui qui les a écrites. Car, pour peu qu'on veuille lire entre les lignes, on y retrouvera René Thorel tel qu'il fut durant toute sa vie et surtout au champ d'honneur : un apôtre, un héros — un chef, un exemple !...

Henri NICOLLE.

SOUVENIRS DE GUERRE

L'ANNIVERSAIRE [1]

Je n'oublierai jamais ce départ précipité de Vittel dans les Vosges, à la fin de juillet 1914, alors que M. Georges Leygues nous empêchait de rentrer à Paris : « Mais non, nous disait-il, rien n'est à craindre : tout s'arrangera ! »

Et nous, les baigneurs, nous attendions, confiants, en pensant qu'un ancien ministre devait être bien renseigné, certes mieux que nous.

Et puis, un matin, avide de dépêches que la direction de Vittel ne voulait plus afficher, je courus à la gare, et là, un employé me dit :

« — Puisque vous êtes lieutenant de réserve, je puis vous montrer ceci ».

C'était un ordre télégraphique ainsi libellé :

« Une automobile spéciale attendra S. A. I. la Grande-Duchesse pour la conduire de suite à Pétersbourg ».

Une des sœurs du Tsar se soignait en effet à Vittel.

Cet ordre venu de la Cour de Russie m'ouvrit soudain les yeux. Je rentrai en hâte à l'hôtel, où le propriétaire, un Autrichien, s'efforçait de me retenir.

« — Je pars, je pars à l'instant même ! »

---

[1] Quoique écrit un an après, nous publions ici ce chapitre, afin de permettre au lecteur de suivre plus facilement l'enchaînement des faits. En règle générale, d'ailleurs, nous avons adopté, dans le classement de ces manuscrits, l'ordre chronologique des événements plutôt que la date où ils ont été rapportés.

J'arrivai à la gare de l'Est, à Paris. J'étais fixé, car tout le long de la voie ferrée, des sentinelles montaient la garde et je me souviens d'un paquet de cigarettes, que je lançai par la portière à un dragon qui, en pleine nuit, immobile, sabre au clair, gardait la voie !...

Tout cela est resté net dans ma mémoire, comme aussi cette arrivée rue Nicolo, où mon père me laissa entrevoir que la guerre rôdait autour de nous.

Je n'oublierai pas ma déception en pensant que je devais partir au 1er Etranger.

Je voulais, si la guerre éclatait, me battre en France, non au Maroc : j'allai trouver de suite le Général Guillaumat, Directeur de l'Infanterie, afin de lui demander de me renvoyer à mon ancien régiment, le 147e, à Sedan.

« — C'est bien, cela, me dit-il ; c'est tout à votre honneur, je vous affecte au 147e ! »

J'étais ravi : le lendemain, recevant ma feuille de mobilisation, je pris le premier train pour Sedan.

Ah ! ce départ : quelle apothéose !

Rue de Passy, on me porta presque en triomphe, en acclamant l'armée.

Devant la gare de l'Est, les voitures n'étaient autorisées à franchir la grille que si elles transportaient des militaires. La foule, calme, criait : « Vive la France ! »

Je me souviens des Dépôts Maggi, saccagés par un peuple en furie, plein de haine pour les Allemands. Les soldats partaient à la frontière et jamais spectacle ne fut plus grandiose ni plus poignant que celui de cette journée de la mobilisation où la Nation saluait ses fils allant défendre la Patrie.

*
* *

Sur le quai de la gare de l'Est, le train pour Charleville attendait : des officiers s'y installaient.

Un wagon spécial fut réservé aux infirmières de la Croix-Rouge.

L'atmosphère sentait déjà la guerre...

Nous étions le 2 août !...

A la craie était écrite cette phrase : « A Berlin ! »

Le train s'ébranla : les têtes se découvrirent, et je n'oublierai pas cette parole d'un de mes camarades, officier d'Etat-Major : « Dans trois mois tout sera fini et nous exigerons d'eux (les Allemands) non seulement l'Alsace et la Lorraine, mais tout le territoire jusqu'au Rhin ! »

* * *

A Sedan, j'appris en arrivant que le 147ᵉ régiment actif était déjà parti, on me versa donc au régiment de réserve, le 347ᵉ.

Les troupes passaient : je vis défiler devant moi tout le Corps de Cavalerie du Général Sordet, les cuirassiers en tête...

Mon ami François de la Bécassière, officier d'ordonnance du Général Sordet, me fit un signe d'adieu.

Les cavaliers étaient passés.

Les caissons d'artillerie suivirent, et sans cesse les autos militaires arrivaient.

Le soir, notre Colonel nous offrit le champagne au Cercle Militaire et mes camarades me traînèrent au piano, me suppliant de jouer avant de nous séparer : la *Marseillaise* et le *Chant du Départ*.

Alors, ce fut sublime : tous, debout, jeunes Saint-Cyriens à peine arrivés au régiment, officiers de l'active et de la réserve, dans une foi unique en la Victoire, nous entonnâmes notre immortel Chant National, car la guerre venait d'être déclarée : c'était le 4 août 1914.

Quand s'éteignit la dernière note, on se sépara en silence.

Je vois encore là mon camarade Bonté. Je vois, là, mes amis Gude, Laurent, le Capitaine Médinger.

Oh ! comme il y eut des vides depuis...

Dans la cour du Cercle, une auto stoppa : il y avait dedans un espion boche au milieu de trophées de guerre. Je saisis une tunique de uhlan, tué à Arlon, et je la montrai au Colonel.

On était plein d'enthousiasme ; on était ivre de gloire : la guerre ! la guerre ! à parler franchement, on ne la craignait pas : il y avait si longtemps qu'on en parlait !

Allons, enfants de la Patrie,
Le jour de gloire est arrivé.

Je rentrai à l'Hôtel de la Croix d'Or, où je laissai ma valise en peau de porc :

« — Je viendrai la chercher après la guerre, dans trois mois ! » dis-je au propriétaire de l'Hôtel.

Le lendemain matin, à 6 heures, le 347° d'Infanterie quittait la Caserne Macdonald...

*
* *

Aujourd'hui, 4 août 1915, je me retrouve dans mon poste de commandement de la tranchée du L..., en Champagne, avec un galon d'or de plus sur ma manche, avec beaucoup d'illusions en moins, mais avec le même courage, le même enthousiasme qu'au premier jour et l'entière confiance en la Victoire finale.

Mes cheveux ont bien quelque peu blanchi, mais si la cause provient de la fatigue de la guerre et des tristesses qui m'ont brisé le cœur, cette vieillesse qui commence est dorée par la splendeur qui a ébloui mes yeux, splendeur qui vient de l'héroïsme de mes soldats, de mes poilus ; splendeur qui vient de leur courage et de leur résignation.

J'ai vécu de telles heures depuis un an que, malgré les larmes versées et les souffrances endurées, je ne regrette rien, car j'ai connu la suprême Beauté, celle qui nous fait toucher du doigt l'Infini et ce sont mes hommes qui, par leurs actes de bravoure, me l'ont montrée !

Tranchées du L..., 4 août 1915.
16 h. 1/2.

MES HOMMES

A Sedan, avant de partir, mon Capitaine m'avait dit :
« — Vous regarderez les livrets de vos hommes, il y a des individus qui ne valent pas cher... »
Pour la première fois, j'ai désobéi.
J'ai seulement réuni mes hommes et leur ai dit ceci :
« — Mes amis, nous partons demain au feu, je ne vous connais pas et n'ai pas regardé un seul de vos livrets. Peu m'importe si vous avez eu des punitions ! Je ne vois en vous que des Français, qui vont se battre pour le pays, cela me suffit. Je tiens à vous dire, que je suis disposé à tout pour vous sauver. Je vous demande seulement, en retour, de faire simplement votre devoir. »
Et je leur ai serré la main. Depuis ce jour, je n'ai pas eu un seul traînard. Ces braves gens, qui laissaient à la maison femme et enfants, marchaient courageusement pour me faire plaisir.
J'ai eu l'honneur de les mener au feu et la douleur de les voir tomber à mes pieds.
Dela (un contrebandier, m'a-t-on dit) qui ne cessait de me procurer de l'eau, des fruits, mille gentillesses, pleines de délicatesse.
Beaumont, le tirailleur, blessé à Ecordal, un brave aux yeux tout de franchise, qui se serait mis au feu pour moi.
« — Mon lieutenant, me dit-il, je ne vous quitterai que mort ! »
Il a dû, le pauvre garçon, se faire soigner à l'ambulance.
Et *Watremez*, mon ordonnance, garçon du Nord, aux yeux bleus, au regard loyal. Il est le serviteur dévoué par excel-

lence, et sa confiance est si grande en moi qu'il m'a recommandé sa femme et son bébé dans le cas où il tomberait au feu.

Et, maintenant, je n'ose plus regarder mon carnet de section où sont inscrits tous les noms de mes hommes. J'ai peur d'entendre à mon oreille une voix me répondre : « Mort au Champ d'Honneur ! »

Oh ! comme c'est vilain, la guerre !

Août 1914.

LINCHAMPS

Nous venons de Hautes-Rivières, nous voici à Linchamps. A la sortie du village, un Belge se présente à notre capitaine en disant que les Allemands sont là, à quatre kilomètres de nous, et que depuis trois jours on s'est battu entre Gédine et Louette-Saint-Pierre.

En effet, le canon tonne sans arrêter. Vers cinq heures, la mitraille cesse. Nous sommes cantonnés aux dernières maisons.

Tout à coup, des hommes, des femmes, suivis d'enfants, arrivent sur la route affolés : ce sont des malheureux qui fuient devant les barbares.

« — J'étais allée chercher du lait dans la pâture, me dit une femme en pleurs, effondrée ; quand j'ai voulu revenir chez moi, *ils* étaient déjà là, le revolver au poing. Trois maisons flambaient... je n'ai pu les reprendre.

« — Ah ! Mon Dieu ! mon Dieu ! qui avez-vous laissé ? interrogeons-nous.

« — Mes deux enfants, l'un de deux ans, l'autre de dix mois !... »

Comment consoler une telle douleur ? Notre capitaine, les yeux humides, les officiers et les hommes se détournèrent pour ne pas pleurer.

Une vieille de quatre-vingts ans vient d'arriver, et se laisse tomber sur l'herbe, exsangue. Elle aussi, a voulu fuir :

« — J'ai laissé dans mon étable vingt-cinq bêtes à corne ; *ils* ont tout brûlé !... »

Et voilà la suite de ce lamentable cortège...

Des groupes, chargés de couvertures, un coffret à la main : on fuit, les enfants pleurent... Quelle horrible chose que la guerre !

Nous allions nous mettre à table, nous ne le pouvions pas, nous avions presque honte de manger, devant ces malheureux qui s'en vont abandonnant leurs biens. Nous leur donnons notre pain, nos provisions, en leur conseillant de rejoindre les Hautes-Rivières.

*
* *

La nuit est tombée, les avant-postes sont en position. Ici, au village, on s'attache désespérément à nous

« — N'ayez pas peur !... répondent mes hommes, nous sommes un peu là ! »

« — Oui, oui, mais ils vont venir ; ils ont incendié Louette, Saint-Denis, Bierre et Louette-Saint-Pierre. Qu'allons-nous devenir ? »

Nos hommes sont là, équipés, aux aguets, près de faisceaux formés. Un Belge passe, je l'interroge sur la bataille de Gédine.

« — C'est affreux, me dit-il. Depuis trois jours, ce n'est là-bas que charnier avec des morts partout, des canons renversés. Les Français se sont conduits en lions, mais les Allemands se tiennent dans les bois, c'était noir de Prussiens... »

Une carriole débouche, contenant un sergent du 9e de ligne. Les Belges lui ont donné des vêtements civils pour le soustraire à la fureur de l'ennemi, qui l'aurait achevé. Il est grièvement blessé d'une balle à la cuisse.

Il a marché, marché et est exténué. Nos médecins le regardent en hochant la tête et me murmurent à l'oreille :

« —Il est bien mal, on va le conduire aux Hautes-Rivières. »

A dix heures du soir, un lieutenant du 7e Hussards débouche avec un peloton. Il s'est égaré dans la vallée de la Semois, après avoir été au feu.

Après tant de misères entrevues, cet officier nous représente le rayon de soleil qui passe.

Il s'est battu, il a pu se dégager, il a vu un capitaine de cuirassiers tomber, frappé au front ; mais, il a vu aussi ses hommes, dignes descendants des héros de Reichshoffen, se précipiter sur les ennemis, qui venaient d'abattre traîtreusement leur chef, et après les avoir tués, reprendre le corps de leur capitaine sous la rafale du feu, et rapporter le casque du mort à sa femme.

Oh ! les braves gens ! que ces soldats français qui bravent la mort pour venger leur chef, oh ! les braves enfants de France !...

Au petit jour nous repartons pour Monthermé. Les Allemands cherchent à franchir la Meuse et nous allons défendre les passages.

En nous voyant nous replier, les habitants croient à l'approche de l'ennemi et partout ce sont des fuyards qui nous font escorte : c'est navrant.

Monthermé se vide, c'est le désert partout où nous passons, nous traversons des sanglots...

A six heures du soir, le pont de Monthermé vient de sauter.

22-24 août 1914.

LA MARCHE AU FEU

Saint-Aignan.

La grande halte est finie, le régiment va partir. Nous savons que, dans un instant, nous allons recevoir le baptême du feu. Chacun se recueille. Je fais un signe à mon ordonnance :

« — Mon cher Watremez, lui dis-je, si je tombe, tu prendras mon argent. Ce sera pour ton petit ; tu écriras à ma famille. Voici mon adresse ! »

« — Et si c'est moi, mon lieutenant, je vous demanderai de prévenir ma femme et de veiller sur mon petit qui a six mois ! »

Nous nous serrons la main sans trembler, et chacun va reprendre le rang.

Alors, débouche soudain un cortège plein de majesté qui nous fait courir un frisson.

Des ambulances s'avancent en file ininterrompue, suivies d'infirmiers portant des brancards.

Des médecins suivent, et seul, le front découvert, portant au bras le brassard de la Croix-Rouge, marche l'aumônier qui va bénir ceux qui vont mourir...

Nous regardons, immobiles, ce prélude du combat, ce prologue impressionnant de la marche au feu.

***

« Garde à vous ! » commande le colonel. Le régiment est parti.

Nous traversons des bois ; la chaleur est lourde et, sous

les feuilles, achève de pourrir un cheval : c'est le premier cadavre que nous voyons...

Soudain, nous arrivons à la crête, et sans transition aucune, nous recevons l'ordre de nous porter en avant au pas gymnastique.

Alors, commence une course effroyable, à travers la mitraille. Sans répit, les canons de 75, répondent aux lourds obusiers allemands.

« Pas gymnastique ! » commandais-je.

Quelle minute épouvantable !...

C'est le baptême du feu que nous recevons. Toute la journée, nous progressons sous les obus dont l'éclatement est infernal. Enfin, nous gagnons un bois, puis une crête, et de là, nous découvrons l'ancien champ de bataille de Sedan.

Les bois de la Marfée sont devant nous ; là, où les cadavres allemands restent entassés, debout, tant leur nombre est considérable.

Plus loin, c'est la Croix-Piot. Et là, dans la plaine, le combat vient de finir.

Des compagnies se reforment, tandis que les infirmiers ramassent les morts.

Là, voyez-vous ces tirailleurs, près de la meule, et ici, ces deux fantassins à la lisière du bois ?...

La nuit tombe sur cette tragédie, enveloppant de son manteau de deuil ce cimetière militaire franco-allemand.

Le combat finissait...

Saint-Aignan, août 1914.

BOUVELLEMONT

Nous arrivions de Saint-Aignan.
La journée avait été torride et une marche continuelle sur les traverses de la voie ferrée avait fini par affaiblir mes hommes.
Enfin, Bouvellemont apparut. Le général Coquet nous regarde passer sur la place de ce village. On fit une grand'halte gardée, car, malgré que le pays fût sûr, il fallait se méfier : des avions allemands ne survolaient-ils pas déjà la contrée ?
Un de mes camarades, le lieutenant Aléonard, eut l'imprudence de tirer sur un aviatik : aussitôt, celui-ci s'éloigna, ayant sans doute le renseignement qu'il cherchait : « Les troupes françaises cantonnaient à Bouvellemont ».
Je fis cette remarque, mais le commandant Hébert ne sembla y prêter aucune attention...
Le soir vint : on s'apprêtait à bivouaquer lorsqu'un ordre du général arriva :
« Les Allemands sont signalés ; il faut de suite se replier vers l'Aisne. »
On plia bagages et, en quelques minutes, le régiment (347ᵉ d'inf.) fut rassemblé sur la route. Silencieusement, la colonne s'ébranla dans la nuit, glaciale à l'approche de l'automne.
On marchait déjà depuis assez longtemps, lorsque le régiment s'arrêta net. Il pouvait être dix heures du soir environ.
On attendit sur la route : onze heures tintèrent au clocher de Bouvellemont laissé loin derrière nous, puis minuit...

Les hommes, à demi morts de fatigue, s'étaient endormis sur la route, tombant pêle-mêle.

Soudain, des lumières électriques apparurent devant nous dans la forêt.

Les estafettes des officiers supérieurs arrivèrent au grand galop distribuant des ordres.

Le général vint lui-même voir ce que signifiaient ces points lumineux qui semblaient se déplacer de la droite à la gauche. Méfiant comme je l'étais déjà à Saint-Aignan, je pensai de suite que les Boches étaient déjà là, rôdant comme des loups. Je risquai mon avis au capitaine Lambin, qui parut abonder dans mon sens.

Nous étions encore là, immobilisés sur la route à une heure du matin, lorsque les points lumineux s'éteignirent. L'ordre fut alors donné de continuer notre chemin.

Le capitaine Aubry, fort avisé d'ailleurs, conseillait d'aller droit devant nous ; car, d'après lui, le temps pressait.

Le commandant Hébert, au contraire, hésitait puis se décida à tourner à gauche.

On avançait, plus muets que des poissons, car les lumières électriques venaient de se rallumer et elles aussi semblaient hésiter sur la direction à prendre : elles se dirigèrent à droite ; nous, nous allions à gauche. Tout allait donc pour le mieux. Soudain, comme mille feux follets, là, à quelques cents mètres de nous, les lumières reparurent, immobiles...

« — Les Boches ! » dis-je au capitaine Lambin.

Mais lui, en riant, de me répondre :

« — Voyons ! y pensez-vous ? Mais non, ce sont des nôtres ! »

On envoya une patrouille. Elle revint peu après, en certifiant que nos troupes étaient là et campaient...

La confiance revint parmi les hommes et nous arrivâmes à un village dans lequel des cavaliers du train des équipages et des soldats du génie buvaient leur café à la lueur de chandelles.

Vers trois heures du matin, le petit jour parut.

Nous descendions une pente assez brusque, laissant un village sur notre droite.

Tout à coup, quelques coups de feu partirent des dernières maisons.

« Une méprise, sans doute » pensais-je !

On s'était arrêté et le colonel Claudon, mettant pied à terre dit tout haut :

« — C'est drôle, voilà qu'on tiraille aussi dans le ravin ! » Puis, s'adressant à un officier, il ajouta :

« — Allez donc voir par là, avec deux sections, baïonnette au canon. »

Les hommes n'avaient pas fait cent mètres qu'une fusillade éclata sur toute la lisière du village.

On s'inquiéta. Des officiers se groupèrent et des ordres furent donnés à chaque chef de bataillon.

On tiraillait maintenant sur la route, prise ainsi en enfilade. Qu'était-ce donc ?

Voyons ! il faut en avoir le cœur net, d'autant plus que le clairon sonnait le « Cessez le feu ! » français.

La pagaille s'annonçait inévitable, lorsqu'une automobile arriva et stoppa. Un officier d'état-major en descendit précipitamment et dit nettement :

« — Qu'attendez-vous donc ? Ce sont les Boches ! »

La stupeur nous cloua un instant au sol, mais l'ordre fut donné de prendre immédiatement la formation du combat.

Le jour s'était levé sur la journée d'Ecordal.

Les lumières dans la forêt: c'étaient les Boches qui, comme des loups, nous avaient suivis à la trace ; nous avaient laissé passer ; puis, avaient tendu l'embuscade terrible d'Ecordal, en la faisant précéder de la sonnerie du clairon français.

Nous venions, pour la première fois, de faire connaissance avec l'ennemi, avec ses ruses de guerre, avec sa force !

29 août 1914.

---

18 Mai 1915. — Souvenirs remis au net dans mon poste de commandement de Salins (Reims) à 4 heures du matin, pendant que mes hommes ronflent et que les Boches font entendre leur musique des « tac-boum » sur la craie.

LE GUET-APENS D'ECORDAL [1]

C'était au combat d'Ecordal. Le 347ᵉ d'infanterie venait de tomber dans une embuscade de deux régiments saxons, amenés, paraît-il, du moins en partie, par automobiles.

La surprise avait été telle que deux compagnies — dont la mienne — se trouvèrent terrées l'une derrière l'autre sous une rangée de pommiers, sans pouvoir se garantir des feux de front ou d'enfilade qui partaient des tranchées blindées de l'ennemi.

Les balles sifflaient sans arrêt autour de nous et la situation devenait intenable.

Soudain le commandant Braconier arrive vers nous, superbe sur son cheval, qui se cabre sous la mitraille :

« — Vite, des hommes !... s'écrie-t-il. La compagnie Médinger est attaquée à la ferme ; il faut, à tout prix, la dégager avec du renfort ! »

« — Voulez-vous de moi ? » demandai-je aussitôt et, sur sa réponse affirmative, j'enlève ma section et je me porte en avant.

La chanson des balles continue de plus belle. D'un bond, nous voici dans un champ de faveroles, puis dans un fossé

---

(1) Quoiqu'il s'agisse du même épisode que dans le chapitre précédent, nous avons cru devoir reproduire cette autre version, qui complète et précise la précédente.

plein d'eau. Bah ! il faut avancer, coûte que coûte, malgré les mitrailleuses.

Enfin, nous arrivons à la ferme, sans avoir perdu trop d'hommes, mais là une surprise nous attendait : des képis rouges tiraient sur nous !

Je m'étais déjà aperçu des ruses des Boches : au début de l'action, par exemple, ils nous avaient pris au piège en sonnant le « Cessez le feu ! » français. On nous criait bien aussi en parfait français : « Ne tirez pas. »

Tout cela n'était rien à côté de cette ligne de tirailleurs en uniformes français qui nous cinglaient à qui mieux mieux.

« — En voilà assez » me dit fort en colère le commandant Braconier. Il faut en avoir le cœur net : sont-ce des Français qui se trompent, ou bien est-ce une ruse allemande ?... — Prenez donc avec vous, me dit-il, quatre ou cinq volontaires et allez voir de près ce que cela veut dire ! »

Des volontaires ? J'en trouvai dix de suite et nous voilà partis dans les champs, à la lisière d'un bois d'où partaient les coups de feu.

A portée de la voix, je criai de toutes mes forces à ces képis rouges : « Nous sommes Français ! Cessez le feu ! Vous voyez bien qu'il y a erreur ! »

Je n'en pus dire plus, car un feu de salve nous obligea à nous terrer.

Une seconde fois, je voulus faire une tentative plus heureuse et m'étant encore approché des tireurs, j'enflai désespérément ma voix : « Je vous en supplie, ne tirez pas sur des camarades, nous sommes Français ! »

Au même moment, le feu redoubla d'intensité et comme il n'y avait plus de doute sur la nationalité des tireurs, étant donné que ceux-ci venaient de la direction des lignes allemandes, je donnai l'ordre à mes hommes de se replier.

Hélas ! un de mes braves poussa un cri et je le reçus dans mes bras : une balle venait de lui perforer les poumons...

Sans arrêt, nous pûmes le transporter jusque dans un chemin creux près de la ferme d'Ecordal, où malheureusement, il ne tarda pas à expirer.

Maintenant, nous étions fixés : c'étaient bien des Allemands qui nous canardaient si traîtreusement : aussi, un bon feu à répétition sur ces Boches, arrêta-t-il tout net cette poursuite perfide.

Finalement, grâce à l'énergie du commandant, à la bravoure héroïque de nos soldats, et à nos braves pièces de 75, nous restâmes maîtres du village d'Ecordal et de la ferme, dont le sol jonché de cadavres allemands, attesta l'ardeur de la lutte : celle-ci peut compter à notre régiment pour une victoire.

30 août 1914.

LE LIEUTENANT VIOLETTE

C'était un jeune Saint-Cyrien, arrivé au régiment pour faire la campagne.

Quel enthousiasme chez ce jeune sous-lieutenant !

Ils étaient huit Saint-Cyriens au 347e. Hélas ! l'un est tué net à Noyon (Laurent), en crânant dans la tranchée.

Un autre (Robert), a les deux yeux enlevés à Ecordal ; lui, le plus jeune de sa promotion ; lui, le plus joli garçon de tous ses camarades.

Une heure avant, il voyait, et maintenant des flots de sang sortent des orbites gonflées ! Horreur, le malheureux est malgré cela en vie !...

Lui, Violette, est ce que l'on peut appeler un « type ».

« — Je n'ai pas de fortune, disait-il ; mon père était mécanicien et, moi, j'aimais l'armée ; y réussirai-je ? »

Ses hommes l'adoraient, et ils le lui prouvèrent, un certain jour, où égaré près des lignes ennemies, Violette se trouva dans un bois, seul d'abord, puis entouré de « légionnaires » qui l'avaient recherché et retrouvé.

« — Mon lieutenant, jurèrent-ils, jusqu'à la mort, nous resterons avec vous ! »

Aussi, avec quelle émotion vîmes-nous, un soir, au bivouac, arriver Violette et sa garde d'honneur !

Quelle admirable camaraderie que celle qui se trouve cimentée par les mêmes risques de mort !

Hélas ! un matin où nous venions de traverser le village de la Fère-Champenoise, Violette tomba brusquement sur la route. On s'empressa, ses yeux restaient ouverts ; mais... il était devenu subitement aveugle !

Depuis quelques jours, son moral était mauvais :

« — Je reste, disait-il, le seul de mes camarades de Saint-Cyr ; j'y passerai comme les autres ! »

Et, dans sa jeune cervelle de vingt ans, ses rêves de chevauchées s'affaiblissaient, car nous ne cessions de reculer devant l'ennemi.

Ah ! s'il avait pu vivre encore quelques jours avec ses illusions dorées, comme il aurait été heureux de nous voir reprendre l'offensive, heureux de voir les Allemands fuir devant nos baïonnettes !...

Qu'est devenu Violette ?

Nous ne l'avons plus jamais revu.

La Fère-Champenoise, 5 septembre 1914.

LE PETIT BRETON

La bataille finissait et quelques rares balles nous poursuivaient à travers bois, cinglant entre les sapins épais. Seuls, les obus nous suivaient avec rage, éclatant à quelques mètres de nous.

Nous défilant le long des lisières des boqueteaux, nous avions gagné une clairière.

Là, dans une meule, un képi rouge émergeait comme un large coquelicot.

« — Mon lieutenant !... soupira une voix terne... Mon lieutenant !... »

Je m'arrêtai et je vis deux grands yeux suppliants se poser sur moi.

« — Où es-tu blessé ? » demandai-je à ce brave garçon.

Je n'eus pas le temps de recevoir la réponse : un jet de sang écarlate sortait d'une plaie béante à la cuisse.

Que faire ?

Mes hommes apitoyés m'aidèrent à faire un pansement ; je versai dans un quart les dernières gouttes d'eau fraîche que contenait mon bidon. Mais comment transporter ce mourant ?

« — Oh, mon lieutenant, ne me laissez pas là, je voudrais tant revoir maman... et les uhlans vont venir !... »

Pauvre petit Breton, natif de Lorient, le voilà seul, perdu dans la plaine qui se vide lentement et que va bientôt envahir la nuit !...

J'essayai d'emporter cet homme sur des fusils ; mais j'aperçus une autre plaie qui saignait à la poitrine et, claquant des dents, le pauvre garçon gémissait :

« — J'ai froid ! froid... Oh ! maman, maman !... »
Mais, où sont donc les infirmiers ?
Personne sur la ligne de feu, personne pour porter secours à ce héros de vingt ans qui achève de mourir en silence, n'ayant comme témoin de sa lente et atroce agonie que le bruissement des feuilles dans les arbres, et que les étoiles du ciel bleu...

**
*

J'ai laissé, impuissant à mieux faire, ce petit Breton finir sa vie dans la meule de paille, et j'ai rejoint ma compagnie, le cœur brisé, en pensant à la pauvre mère qui là-bas, à Lorient, attendra anxieuse l'absent qui ne reviendra plus...

La Fère-Champenoise. — 7 septembre 1914.

LA FÈRE-CHAMPENOISE

Sept heures du soir ; nous sommes dans un bois, la nuit tombe.

« — Nous allons attaquer dit le commandant. Vous avez laissé l'ennemi s'emparer ce matin de la Fère-Champenoise ; il faut maintenant reprendre à notre tour le village... »

La 18ᵉ Compagnie (la mienne) se met en marche ; à travers les sapins enchevêtrés, nous gagnons la lisière du bois. Nous voici en plaine.

« — En tirailleurs, la 1ʳᵉ section ! »

Mes hommes se déploient.

« — Objectif : le réservoir de la gare. »

Mes hommes me suivent, anxieux... A peine avons-nous débouché que les obus éclatent près de nous.

Nous avançons à travers la nuit, guidés par d'immenses flammes qui s'élèvent de la Fère-Champenoise.

Le capitaine Lambin — admirable soldat — nous guide comme un père qui conduit ses enfants.

La nuit est noire, maintenant, froide et rien ne bouge... Nous sommes à 200 mètres du village.

Tout à coup, une trompette allemande sonne dans l'obscurité :

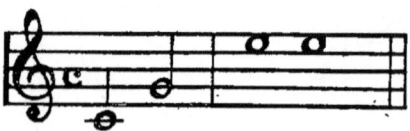

Ces trois notes sont répétées lugubrement sur le front du village : nous sommes signalés.

Mon capitaine me regarde et nous nous comprenons : mes hommes me suivent, mais flairent le danger inévitable...

« — En avant, mes amis ! » leur criai-je...

La ligne de tirailleurs s'avance, droite, héroïque... Soudain les balles sifflent, nous entourant d'un cercle effroyable... Nous sommes derrière un hangar mais la position est intenable, car les Allemands vont nous entourer...

« — A la meule, Thorel ! » me commande mon capitaine.

« — Tout le monde à la meule ! » commandai-je à mon tour.

Je pars le premier sous une grêle de balles.

« — Aïe ! oh ! mon lieutenant !... »

C'est un de mes hommes qui tombe, frappé au front.

« — Adieu mon lieut... »

C'est un autre qui tombe à terre, foudroyé.

« — Oh ! maman ! » soupire un troisième.

Nous arrivons à la meule ; mais là, c'est pire encore, car l'ennemi nous cerne.

« — Mais tirez donc, mes amis ! suppliai-je... tirez à droite ! tirez, tirez !... »

Figés, ceux qui restent de ma section sont cloués sur place. Les fusils ne partent plus et les renforts sont loin derrière nous...

C'est la mort qui nous guette. Nous l'attendons, recommandant notre âme à Dieu !

Alors, me ressaisissant, je commande :

« — Tout le monde en arrière ! » et, m'élançant sur la ligne de repli, je suis suivi de quelques hommes... La plupart restent là, couchés dans les meules... Je veux encore avancer, quand soudain un signal lumineux paraît sur la crête de droite, répété sur celle de gauche et la mitraille vomit instantanément des flots de feu !

Horreur ! le cercle se resserre... Comment pourrons-nous jamais le franchir ?...

Alors, sans m'expliquer comment, je me retrouve, sain et sauf, à trois kilomètres en arrière, dans la nuit redevenue silencieuse, éclairée seulement par la lueur sanglante des premières maisons de la Fère-Champenoise qui se consumaient en torrents de flammes.

Et, là-bas, l'artillerie allemande semble quitter le village, car le cliquetis de chaînes s'éloigne.

Examinant la situation, je rassemblai les quelques rescapés, me demandant si j'allais occuper le village, mais flairant un guet-apens et me doutant que l'ennemi nous guettait, je continue ma retraite dans la direction de la ferme de Sainte-Sophie, où j'ai la joie de retrouver mon cher capitaine et quelques rares survivants de mes hommes ; tout le reste avait été anéanti !...

« — Faites l'appel après le combat ! » me commande le capitaine.

Hélas ! mes hommes dorment là-bas, aux abords du village, et j'ai honte vraiment de ne pas les avoir suivis dans la mort !

8 septembre 1914.

LES ÉTAPES D'UN BLESSÉ

Nous arrivons péniblement de Connantre que les obus allemands arrosent de nouveau.

Nous cherchons les ambulances de notre régiment : les routes sont désertes, les maisons effondrées...

A Pleurs, nous dit-on, vous les rencontrerez sans doute et, clopin-clopant, je me dirige sur Pleurs.

Là, en effet, l'Ambulance n° 6 nous recueille et décide de nous évacuer d'urgence sur Anglure.

Je proteste, voulant rejoindre ma compagnie, mais le médecin-major reste inflexible.

« — Votre plaie est mauvaise, il faut vous évacuer !... »

Me voici hissé sur une charrette, où sont entassés des blessés.

L'un d'eux a l'épaule arrachée par un éclat d'obus.

Nous partons mais, à chaque secousse, le pauvre garçon laisse couler de grosses larmes.

Une voiture passe, je supplie qu'on l'y transporte ; nous arrivons à Anglure.

Oh ! l'abominable vision !

Plus de 500 blessés sont là, entassés par terre... Il y a des tirailleurs, des zouaves, restés glorieux, de la Division du Maroc, il y a des fantassins et des hussards.

Officiers et soldats reposent côte à côte sur leur lit de douleur.

C'est un charnier vivant d'où se dégage une odeur de boucherie et de cimetière.

Dans un coin, un aumônier s'agenouille, c'est un jeune lieutenant qui va mourir...

Plus loin, c'est un soldat dont la bouche est arrachée.

Les mouches volent sur ce corps à demi décomposé ; rien n'est plus abominable, rien ne soulève plus le cœur que ce spectacle sans nom.

Et pourtant, un air frais caresse cette atmosphère lourde de sang ; des femmes vont et viennent, souriant à toutes ces misères.

Elles ne portent plus le gai costume des infirmières de la Croix-Rouge ; mais, simplement vêtues, elles se prodiguent pour donner à boire à tous ces blessés.

Le champagne est versé à ceux qui vont mourir et, aux moins malades, elles donnent des tartines rouges de confitures.

Et ces pâles figures d'agonisants essayent de sourire à ces grandes Françaises. Plusieurs saisissent leurs mains, y laissent couler une larme.

**

Le train va partir et les brancards défilent un à un. Que de misères !

On dépose chaque blessé dans les wagons et le convoi s'ébranle au milieu de gémissements sourds.

Montereau...

Le train s'arrête et de nouvelles jeunes femmes se précipitent pour consoler nos soldats. Oh ! les grands cœurs que ceux des femmes du peuple qui donnent à ces braves, à pleine main !

A Neuville, près d'Orléans, de nouveaux essaims surgissent et pourtant, c'est un sourire, qui console, c'est un sourire qui fait oublier à ces moribonds, que la mort les guette, et que pour certains elle commence déjà son œuvre.

9 septembre 1914.

Pendant cette période de convalescence, René Thorel n'a pas écrit, à proprement parler, de « Souvenirs de guerre ». C'est ce qui explique la lacune qu'on trouvera entre ce chapitre et le suivant.

TRANCHÉES DU BOIS DES X...

23 janvier 1916 !
Un an déjà que je suis revenu au front.
Un an que j'ai fait connaissance avec cette vie sous terre des tranchées.
Aujourd'hui, à midi, il y a un an que j'arrivais en automobile à R..., auto mise à ma disposition par le général Rouquerol. J'arrive, je me présente au colonel qui prenait son café.
Je me présente au commandant Aubry, qui me dit :
« — Ce soir, à 5 heures, vous monterez aux tranchées ; le lieutenant D... vous conduira ! »
De ce jour, j'ai pris le commandement de la 24e compagnie.
La nuit arrive : nous partons. Il faisait noir et glacial. En silence, nous entrons dans la plaine. D... était précédé de son chien « Cérès ».
Nous longeons la route de Ch... Tout est calme, on ne parle pas, la bise nous cingle la figure et soudain des lueurs blanches montent dans le ciel : les fusées !
Des coups de feu, des grondements sourds...
Nous arrivons à une voie ferrée : je trébuche dans des trous d'obus.
Un trou de craie est là, à notre gauche :
« — Nous voilà dans le boyau ! » me dit D...
On marche, on marche, entre deux murailles de craie. On trébuche encore dans des puisards. Il fait maintenant trop chaud, tellement on marche vite.
Au bout de deux heures, dans ce labyrinthe, on s'arrête.

« — La première section, passez devant. Les 2, 3, 4, allez à vos emplacements habituels. Les agents de liaison, au capitaine ! »

Ces ordres, donnés par le lieutenant D... sont ceux de la relève.

Dans la nuit, un mince pinceau lumineux filtre d'une porte située à 5 mètres sous terre.

« — Voilà votre poste de commandement ! »

Nous entrons. Une lampe fumeuse est posée sur la table.

Le lieutenant C... me serre la main, me passe les consignes ; puis, la relève terminée, s'en va.

On chuchote alors dans les boyaux, des bruits de pas les animent un instant, puis tout retombe dans le silence...

Me voici donc, pour la première fois, commandant au feu 250 hommes.

Le lieutenant D... me montre mon téléphone de campagne.

Je fais, avec lui, une ronde en première ligne : on n'y voit pas à dix pas.

Que de boyaux ! Je m'y perdrais seul. On ne parle pas. Aveuglément, je suis mon guide : comme des statues, mes poilus sont déjà à leur poste, le fusil aux créneaux.

Ce spectacle est impressionnant.

Je vais au petit poste : là encore, deux statues vivantes veillent...

Et, sur nos lignes, continuent à se balancer les fusées éclairantes.

« — Les Boches ont peur, cette nuit, me souffle à l'oreille un de mes sergents ; ils ne cessent de lancer des fusées.

« — Elles ne valent pas les nôtres, ajoute un poilu, elles ne durent qu'une seconde ! »

*
* *

Nous sommes maintenant de nouveau dans mon poste de commandement. Le chien de D..., s'est déjà pelotonné près du poêle tout rouge. Mes agents de liaison se sont couchés sur la paille.

Seul, mon téléphoniste assure le service.

Il est onze heures du soir. D... se couche et m'invite à en faire autant.

Je m'étends sur mon bas-flanc, mais je ne peux dormir et, bientôt, je me lève et je vais me promener dehors.

La nuit de janvier est splendide maintenant, toute blanchie par la lune qui brille depuis quelques instants.

J'écoute les bruits de la tranchée : tout semble dormir et pourtant, là-bas, derrière nos réseaux de fils de fer, on veille.

Par ici aussi, à nos petits postes, on veille.

Quelle vie nouvelle pour moi !

Quelle ville que celle que nos soldats ont construite ! C'est un travail digne des Romains.

Je me recouche, puis je me relève. Impossible de dormir cette nuit... C'est que je sens vraiment ici la responsabilité de commander une compagnie. J'ai charge d'âmes et, regardant mes trois galons d'or qui luisent sur ma manche, je pense à ma mission, que j'ai juré de remplir jusqu'au bout et je retourne aux créneaux veiller avec mes hommes que j'ai appris, dès ce premier soir, à connaître et à aimer !

23 janvier 1915 — 23 janvier 1916.

UN CONCERT SOUS LES OBUS

Je me trouvais au cantonnement, au bureau de ma compagnie, lorsqu'un planton me présenta une feuille à émarger :

« — Vous êtes prié, par le Corps médical du régiment, d'honorer de votre présence le concert donné cette après-midi au château du Marquis de P... par des soldats amateurs. »

Je crois rêver : comment osait-on donner un concert là, dans ce château situé sur la crête et sans cesse bombardé par les gros obus allemands ?

Pourtant, le Docteur R... avait osé cela ! Ma foi, je voulus me rendre compte de cette folie et, à l'heure dite, je pénétrai dans le somptueux parc du château.

A mes côtés, les projectiles ennemis avaient creusé d'immenses cuvettes.

Les massifs d'arbres rares étaient rasés, les serres brisées, l'étang ravagé !...

Quant au château même, toute une aile s'était écroulée et, pour y entrer, il fallait gravir des amoncellements de gravats.

Pourtant, c'était bien là, le rendez-vous du Docteur.

Je poussai une porte princière et, aussitôt, un domestique se présenta.

« — Comment, vous êtes encore ici ? » dis-je à ce dévoué serviteur.

« — Mon capitaine, vous ne pensez pas que je vais quitter la demeure de Monsieur le Marquis !

« ... Les obus ? Tenez, hier à onze heures du soir, voyez ce qu'a fait un obus allemand ! »

Et sa main désignait un pan de mur effondré avec, dans le sol, un trou béant dans lequel on aurait pu placer deux chevaux.

« — Et c'est là, demandai-je, qu'a lieu le concert ? »

Au même moment, le Docteur R... m'apparut, souriant, calme et m'introduisant dans une vaste salle à manger donnant sur le parc, d'où l'on découvrait un panorama féerique sur la cathédrale de R... :

« — C'est ici, me dit-il, qu'il y a quelques semaines, dînait le Prince J..., fils du Kaiser. Il paraît qu'il a trouvé mauvais que l'on eût enlevé déjà les superbes tapisseries qui ornaient la pièce ! »

Bientôt, arrivèrent le colonel, puis des officiers de tous grades et des médecins-majors.

Une porte fut poussée et là, dans une pénombre, m'apparut l'orchestre composé d'infirmiers du régiment.

Le lieutenant J... tenait le piano (un piano de marque allemande, ce qui avait dû ravir l'état-major boche).

On commença le programme, et rien n'était pittoresque comme de voir des lampes à pétrole placées sur des boîtes à violoncelles. C'était tout l'éclairage de la pièce.

« — Comment avez-vous pu trouver tous ces instruments de musique ? » demandai-je, étonné.

« — Mais ici, en réquisitionnant ! »

On joua du Saint-Saëns, du Gounod, du Ganne, mais on n'entendit pas de Wagner.

J'essayai le piano : quel son admirable !

« — Prenez garde, me dit le lieutenant J... vous allez vous salir les mains : les Boches ont joué dessus ! »

Et chacun de rire.

Je restai là, immobile, saisi, ravi de ce spectacle : un concert sous les obus ! C'était reposant pour nos nerfs continuellement tendus et c'était, aussi, impressionnant et presque grandiose.

A chaque instant, les grosses marmites allemandes sifflaient en trajectoires inquiétantes.

Comme j'esquissais sur le clavier un passage d'une symphonie de Saint-Saëns où une phrase musicale est soulignée par la cymbale, l'éclatement d'un obus allemand martela précisément le passage en question.

« —Si Saint-Saëns entendait ce coup formidable, risqua quelqu'un, sûrement qu'il crierait à tue-tête de jouer plus pianissimo ! »

La séance de musique dura jusqu'au soir et j'admirais ce colonel qui resta là jusqu'au dernier moment, calme, malgré le danger que nous courions, simplement pour montrer à ses officiers et à ses soldats musiciens que la peur n'atteint jamais les officiers français.

R... 27 janvier 1915.

LA FÊTE DE L'EMPEREUR

Nous relevons la tranchée à sept heures du soir. La lune est splendide et fait paraître les boyaux des tranchées de craie comme de longs fils d'argent.

A peine la relève est-elle terminée que, vêtu de ma peau de bique, je vais faire ma ronde dans les tranchées de première ligne.

Il fait un froid de glace et les hommes sont immobiles devant leurs fusils braqués prêts à faire feu.

D'un mot, j'encourage tous ces braves.

« — N'ayez pas peur, mon capitaine, pour la fête de l'Empereur, on va leur envoyer des pruneaux ! »

Soudain, sur la gauche, là-bas près de L... une fusée monte verticale dans la nuit ; puis deux, puis trois. Nous en comptons vingt. A la vingtième un coup de canon répond et aussitôt la fusillade allemande commence sur nos troupes, crépitement intense martelé par le canon.

Il est neuf heures du soir.

Je monte sur la tranchée. Sur la droite, on entend crier :

« — A la baïonnette ! »

Ce sont les Boches qui chargent. Puis, plus rien.

Au centre, c'est le calme et, dans la tranchée ennemie de C..., des voix s'élèvent, gutturales et soûles.

Grand Dieu ! que chante-t-on ?

... *La Marseillaise ! ! !*

Puis, c'est l'accordéon.

Enfin, le gramophone qui détaille le « Viens Poupoule ».

Je rentre à mon poste de commandement ; j'écoute encore : le calme est revenu.

Brusquement, j'entends gratter sur le talus de ma tranchée : je me retourne et une silhouette de chien de berger noir se profile sur le ciel constellé.

A peine ai-je le temps de constater que l'animal porte un papier attaché à son cou, que la bête fuit appelée vers les lignes allemandes.

Or, au moment de la relève (sept heures), ce chien nous avait déjà croisés près de la voie ferrée et comme mon adjudant tirait un coup de revolver dessus, j'appris de lui que ce chien fantôme n'était autre qu'un espion, envoyé à R... par les Allemands.

La Division avait offert vingt francs à qui tirerait ce chien.

Et voici que, là, à deux pas de moi, le fantôme m'apparaissait.

Il rentrait de R..., à n'en pas douter, et rapportait un renseignement à C... J'ai prévenu mes postes mais le chien n'a pu être rattrapé.

N'importe ! J'ai repéré les heures de passage du chien boche : sept heures et dix heures du soir et, dès ma prochaine garde, je tâcherai de percer cette énigme.

11 heures du soir. — Le calme est revenu enfin sur le front, le canon s'est tu, de même la fusillade.

Les Boches sont soûls de champagne : ils ne chantent plus, ils gueulent.

Je me méfie de cet état car souvent on lance à l'assaut ces ivrognes qui se font ainsi massacrer, en masse, grisés, et tombent par groupes pour l'Empereur. Je veille donc, toute cette nuit, jusqu'à ce que la fête du Kaiser soit terminée.

Tranchées de R... 27 janvier 1915.

LA VIE SOUS TERRE

I. — La relève

Nous quittons le cantonnement à la nuit. Des ombres sortent en silence et se groupent en ordre : c'est la compagnie qui se rassemble.

Vêtu de ma peau de bique, équipé, mon revolver au côté, ma musette en sautoir et ma canne en main, j'attends que tout mon monde soit là.

A l'heure fixée pour la relève, je donne le signal du départ.

On suit des routes jalonnées par les trous énormes des 155 allemands ; on coupe à travers champs, on longe des maisons aux vitres brisées dont les morceaux sous le clair de lune ressemblent à des étoiles sortant de terre.

Surtout on ne parle pas, car les Boches sont proches et veillent : la nuit, le moindre bruit s'entend. Arrivé à un carrefour, je suis arrêté par un « Halte-là ! » sonore.

Ma troupe s'arrête.

« — Qui vive ?
» — France !
» — Avance au ralliement ! »

Et, devant la sentinelle croisant la baïonnette, je murmure le « mot ».

Nous avons alors l'autorisation de passer.

« — En avant ! »

Et nous continuons notre chemin.

La lune est de plus en plus étincelante et il nous faut suivre une route repérée par l'artillerie ennemie.

« — Par file de deux, de chaque côté de la route ! » commandai-je.

Avec cette disposition, il est impossible aux Allemands d'apercevoir mes hommes.

Nous quittons la route, passant près d'un bois de sapins ; enfin, après avoir buté dans deux ou trois trous d'obus, nous arrivons à un petit monticule de terre presque invisible : c'est l'entrée du boyau de la tranchée de première ligne.

« — Par un ! » Et, comme un grand serpent noir, nous pénétrons sous terre, tandis que brusquement, le canon tonne près de nous, en rafales précipitées vomissant le fer et le feu.

Notre relève a été surprise et l'arrosage commence copieusement :

« — Pas gymnastique ! »

Alors, le serpent semble fuir ; il disparaît bientôt complètement dans le boyau : nous sommes sauvés !

Durant vingt minutes, nous marchons maintenant entre deux murs de terre protégés de chaque côté par un petit talus.

Enfin, j'arrive à mon poste de commandement, pendant que ma compagnie va prendre ses emplacements.

II. — Mon poste de commandement

Au bout d'un boyau étroit : quelques marches de terre ; une porte, sur laquelle un loustic a écrit : *Salut, demeure chasse tes puces*, en parodie de l'air de *Faust*, et une salle voûtée ; c'est là que je vais vivre vingt-quatre heures.

Une table de café que l'on a portée là, un petit poêle, une lampe à pétrole, voilà tout mon mobilier.

A gauche, un bas-flanc où je coucherai ; à droite, de la paille où dormiront mes hommes de liaison, mon fourrier et mon ordonnance.

Dans un coin, accroché au mur, le téléphone. A peine ai-je eu le temps de serrer la main du camarade que je relève, en lui demandant s'il n'y a rien de nouveau, que la sonnerie résonne :

« — Allo ! Allo !...
» — Compagnie du Centre ?
» — C'est vous, Thorel ?
» — Oui, mon commandant !
» — La relève est-elle faite ?
» — Elle se fait, mon commandant. Dans dix minutes, j'enverrai mes agents de liaison pour être fixé à ce sujet !
» — Allo !... Vous continuerez cette nuit la pose des réseaux de fil de fer barbelés. Faites-vous précéder d'une patrouille car la nuit est très claire, et il serait dangereux de sortir des tranchées sans être protégé en avant !
» — C'est entendu, mon commandant ! »

Je raccroche le récepteur.

Un quart d'heure se passe et, au milieu du silence, j'entends un bruit de pas dans le boyau : c'est la relève qui s'en va.

Alors, j'envoie mes agents de liaison dans chaque section pour s'assurer que tout s'est bien passé.

Au bout d'une demi-heure, ces hommes reviennent. Tout est en place : il n'y a plus de danger.

« — Allo !...
» — Mon commandant, la relève est terminée, sans incidents.
» — Merci. Bonsoir, Thorel !
» — Bonsoir, mon commandant ! »

Plus rien ne bouge dans la nuit, le calme règne, pesant ; mais chacun veille.

Alors, je désigne un homme pour m'accompagner et je sors de mon poste pour commencer ma ronde.

La lune a disparu et il faut me guider dans les boyaux, avec ma canne, comme un aveugle.

Le trajet est long, pénible, à travers ce labyrinthe creusé dans la terre.

Nous nous arrêtons un instant : des coups de feu résonnent dans la nuit. C'est vers la gauche. Donc, rien à craindre pour nous.

Nous entrons dans l'abri du chef de la première section :

« — Mon capitaine !

« — Bonjour, Lapiatte ! C'est vous qui vous occupez du poste d'écoute ?

» — Oui, mon capitaine.

» — Vous enverrez une patrouille de protection en avant pour protéger les travailleurs qui poseront des chevaux de frise et un réseau de fils de fer, vers la droite du poste d'écoute.

» — Bien, mon capitaine ! »

Et je continue ma ronde.

Nous coupons la rue du Rempart (boyau parallèle et en arrière de la première ligne) et nous entrons dans la tranchée où sont disposés les abris.

Chaque abri est recouvert de rondins et de terre. Dans les créneaux, les fusils sont placés prêts à faire feu.

Je parcours chacun de ces abris qui sont silencieux, quoique étant occupés par des hommes.

Un mot par-ci, un mot par-là à ces braves garçons, et nous passons.

« — Alors, on a froid ce soir ? » demandai-je à l'un d'eux.

« — Un peu, mon capitaine. Heureusement que nous avons touché des peaux de mouton !

» — Que tout le monde veille, ce soir !

» — Oh ! n'ayez pas peur, mon capitaine, les Boches n'ont qu'à venir : ils seront bien reçus !

» — Oui, oui, ils en recevront des paquets de pansement !... »

Un « chut ! » arrête net les rires qui fusent.

Je vais maintenant au petit poste avancé, montant de temps en temps sur le talus. Aucun bruit, mais au loin, une fusée lumineuse se dresse soudain dans le ciel.

C'est un signal pour les batteries allemandes.

En effet, un sifflement aigu se dirige vers nos tranchées, suivi d'un éclatement sourd.

« — Bah ! me dit en riant un de mes hommes, ce n'est qu'un 77 ! »

Je remonte un peu plus loin sur la tranchée, mais le soldat qui m'accompagne me retient :

« — Mon capitaine, ne vous montrez pas : ici, c'est dangereux ! »

A peine, en effet, avais-je sorti la tête qu'un « clic ! clac ! »

me la fit rentrer aussitôt : une balle boche venait de passer.
« — Raté !...
» — Oui, ajouta mon homme, ça vient de derrière le tas de fumier qui est à cent mètres de nous. Il doit y avoir là des sentinelles.
» — On verra cela demain, dis-je. »
Nous rentrons maintenant dans la tranchée des abris, puis bientôt dans mon poste de commandement.
Tout est en place et je peux dormir quelques heures tranquillement.

III. — LA NUIT DANS MON POSTE DE COMMANDEMENT

J'ouvre la porte de ma cabane souterraine. La lampe mise en veilleuse éclaire faiblement la petite pièce. Le poêle est tout rouge.

A part le veilleur chargé d'assurer le service du téléphone, tout le monde dort.

Aucun bruit, si ce n'est celui des ronflements de mes hommes, qui, coulés dans leurs couvertures se reposent.

Je me hisse sur mon bas-flanc et je m'introduis dans mon sac de couchage.

« — Bonsoir, mon capitaine ! me dit le veilleur.
» — Bonsoir, mon ami ! »

Inutile de lui recommander de ne pas dormir.

J'ai autour de moi des soldats sérieux : ils sont vraiment de la grande famille.

Je suis sûr que le service sera bien fait.

Aussi, je m'endors béatement, bercé par le ronron du canon qui tonne au loin, bercé aussi par les ronflements de mes hommes, de mes enfants...

Tranchées de R... nuit du 29 au 30 janvier 1915.

LA « POPOTE » DES OFFICIERS

Nos cuisiniers ont déniché une maison bourgeoise dont les propriétaires sont partis le matin du bombardement. C'est là, dans une vaste chambre, que mangeront les officiers du bataillon.

Les heures fixées sont : 11 heures, le matin et 5 heures, le soir. Cela, lorsque l'on est au cantonnement, car, en rentrant des tranchées, à la nuit noire, on mange en vitesse, sans s'attendre et l'on va dormir.

Le repas le plus gai est celui de 11 heures du matin, le jour du repos. Alors, on mange copieusement et chacun prend son temps. Le menu est plus soigné et l'on débouche une bouteille de liqueur. Par contre, le repas le plus pittoresque est celui qui précède le départ aux tranchées.

La salle à manger est déjà éclairée et la soupe fume sur la table. Nous arrivons individuellement et nous commençons au fur et à mesure.

Voici le lieutenant Le C..., puis le lieutenant H... engoncé dans sa peau de bique.

« — Bonsoir tous ! » et chacun de se dévêtir. Tout à coup la porte s'ouvre et un chœur souligne cette entrée triomphale :

« — L'aveugle à qui qu'on fait l'aumône, n'est pas un faux nécessiteux... »

Ceci, sur l'air des *Deux aveugles* d'Offenbach.

C'est le lieutenant D... qui arrive, tenant en laisse son chien fidèle « Cérès », chien trouvé qu'il a adopté.

Le lieutenant D... est un camarade charmant, son esprit

de Parisien fait merveille à notre popote et son à-propos, ses reparties pétillent comme un feu d'artifice.

Le lieutenant D... est dans le « civil » l'abbé D...

Chaque soir, son entrée est saluée de la même façon par un *tolle* général.

Voici, maintenant : les lieutenants G..., L... et « Monsieur Bazar », lieutenant de R... tous trois Saint-Cyriens nommés officiers à la mobilisation.

Avec mes trois galons, c'est déjà la vieillesse qui entre. Avec ces trois officiers, c'est la jeunesse qui vient nous réchauffer.

Oh ! les belles silhouettes fièrement campées d'officiers français ! Quelle gaieté ici, parmi nous, et aussi quelle crânerie au combat !

Si on ajoute à tous ces noms, ceux des lieutenants P... et C..., on a, réunis, les noms de mes camarades de « Popote. »

Nous avons mangé le potage, on nous sert maintenant le rôti, puis le dessert : les jeux de mots, les histoires croustillantes traversent la table, comme des trajectoires d'obus.

Mais on frappe à la porte : c'est le cycliste qui vient d'apporter le « mot » et l'heure de la relève. Silence complet, on est, pour un instant, revenu au travail.

Puis, aussitôt le planton parti, la gaieté reprend son droit.

« — Allons ! Allons ! les saltimbanques !... »

Lépine (c'est un des cuisiniers) apporte alors un cor de chasse au lieutenant H..., et deux couvercles de marmite au lieutenant G...

Les lieutenants L... et Le T... font le boniment :

« — Entrez ! Mesdames et Messieurs ! La séance de boxe va commencer ! »

Sur ce, les lieutenants P... et C... se lèvent, retroussent leurs manches et commencent le match.

On crie, on applaudit, on rit à se tenir les côtes.

« — Bravo ! » crie une voix.

« — Non ! non !... à terre ! » glapit une autre.

Et quand la victoire est assurée, un cri général s'élève de toutes les poitrines, tandis que le cor de chasse fait rage, martelé par les couvercles des marmites, et par les boniments des « saltimbanques ». Le spectacle est inénarrable :

il est, aussi, presque tragique, parce que nos grosses pièces d'artillerie lourde font rage, là, à quelques centaines de mètres de nous, faisant trembler les vitres et les portes.

Bah ! On ne pense pas à ce vomissement de fer : la guerre est faite de contrastes, de rires surtout qui masquent la mort !

Aussi, après ce dîner-concert, se lève-t-on de table, toujours très gais, en chantant et, une fois dans la rue, toute blanche sous la neige, chacun se tait : les potaches de tout à l'heure sont redevenus : des officiers !

Reims, 20 janvier 1915.

LA CATHÉDRALE

Sous le canon qui sans cesse tonne au-dessus de nous, je suis allé voir la cathédrale blessée à mort.

De loin, la silhouette est toujours la même et la dentelle de pierre auréole comme naguère sa façade imposante. Les larges avenues qui conduisent à la place du parvis sont désertes, les maisons effondrées sont muettes : la mort a passé par là, tordant les poteaux des tramways, creusant des brèches béantes dans les murailles effondrées. Nous marchons sans dire un mot... Tout à coup, au détour d'une ruelle, le chef-d'œuvre de Reims m'apparaît et un cri sort de ma poitrine : « Oh ! les bandits ! »

En effet, la dentelle de pierre des siècles passés est devenue si légère, si légère, qu'il semble qu'un souffle achèverait de démolir ce qui reste de la Cathédrale où Jehanne la Pucelle fit sacrer son roy !... Les pierres sont brûlées, les flammes de la nuit fameuse du bombardement (19 septembre 1914) ont léché les statues saintes et, parmi les corps sans tête et sans bras, un Christ pourtant est resté en Croix... Sa divine figure repose sur sa poitrine et semble contempler le carnage irréparable. Et, sur la place même, une autre statue, moderne celle-là, est restée elle aussi intacte : celle de Jeanne de Domrémy ! Miracle ? direz-vous. Et pourquoi pas ? J'ai contemplé avec émotion cette pure figure de la guerrière tenant le drapeau aux trois couleurs, que nos soldats lui offrirent lorsqu'ils reprirent tout dernièrement la ville.

La toiture de la Cathédrale est brûlée et, certes, le désastre est complet !... Malgré tout, le crime n'a pas été consommé en entier, car les hautes tours se dressent encore dans le ciel bleu, victorieuses.

Les pierres, toutes roussies, sont encore rendues plus belles par le sacrilège commis. Elles parlent toujours du Passé et rediront aux générations futures ce qu'il fut.

Le Barbare peut continuer à bombarder... Qu'importe ! La dernière pierre de la cathédrale restée debout redira quand même dans l'avenir, l'histoire merveilleuse de notre France, la cruauté des hordes de Guillaume II et la vaillance splendide des fiers soldats de 1914.

Reims, 29 janvier 1915.

LA MESSE DEVANT L'ENNEMI

Nous étions rentrés le samedi soir des tranchées, exténués, par une nuit glaciale, sans lune.

Le dimanche matin se leva par un temps de neige et comme je rencontrai le lieutenant C... :

« — Vous ne venez pas à la messe, aujourd'hui ? » me dit-il.

« — Où ? à la Cathédrale ?... » répondis-je en riant.

« — Ne riez pas, je vous en prie : Venez à onze heures dans le cantonnement et vous verrez ! »

A l'heure dite, je pénétrai dans une vaste grange, sorte de hangar, aux murs éventrés par les gros obus allemands.

Tout au fond, sur trois tonneaux alignés, était posée une planche toute simple et étroite.

Un caporal barbu, portant des lunettes, semblait disposer quelques objets sur cette table improvisée : il sortit d'une valise de cuir, un minuscule crucifix de cuivre, deux chandeliers et un paquet de linge.

Avec soin, il plaça une nappe sur ce tréteau d'un nouveau genre, puis déposa un surplis et une chasuble à droite de cet autel de campagne.

C'était donc vrai, qu'un soldat allait célébrer la messe dans ce lieu de désolation !

Bientôt, le colonel entra suivi de ses officiers et le hangar s'emplit de troupiers.

Alors, le caporal passa son surplis sur sa capote, puis revêtit ses ornements sacerdotaux.

A ses côtés, un maréchal des logis de Dragons, son revolver en sautoir, s'agenouilla et la messe commença. Ah ! je vous assure que personne ne songeait à sourire devant ces trois tonneaux, servant d'autel, et en regardant ce prêtre soldat, dont le pantalon rouge dépassait sous la chasuble blanche !...

Tous les yeux regardaient ailleurs, là-bas, très loin, vers la famille absente et là, tout près, vers le champ de bataille où la mort pouvait nous atteindre demain !...

Les âmes s'élevaient vers Dieu, seul maître de nos destinées ; et de toutes ces poitrines de soldats français — celles des chefs communiant avec celles de leurs hommes — s'exhalait une seule prière :

« Seigneur ! ayez pitié de nos armées, faites que l'horrible hécatombe s'achève et que la France soit victorieuse ! Ayez pitié de nos parents, restés aux mains des barbares ; ayez pitié de nos camarades, qui sont morts ou qui vont mourir ; permettez que bientôt nous retrouvions tous les nôtres... ainsi soit-il ! »

La messe était finie et le prêtre était redevenu le caporal.

Les officiers, au milieu de leurs soldats, sortirent pêle-mêle du temple du Dieu de la Victoire, voulant montrer que la grande famille n'est pas, sur le champ de bataille, un vain mot.

Tranchées de Reims. — Dimanche 31 janvier 1915.

LA MANŒUVRE INTERROMPUE

Ce matin, 8 février, nous étions à notre deuxième jour de repos du cantonnement. J'avais décidé que ma compagnie se rendrait à l'exercice sur la route de Bezanine : histoire de prendre l'air.

A 9 heures du matin, nous étions encore au terrain de manœuvres, lorsque mon cycliste m'apporte un ordre de la division :

« Un bombardement est signalé sur la route Bezanine... faire rentrer d'urgence les Compagnies ».

Un coup de sifflet et la colonne d'uniformes se met en marche... Soudain, les obus se mirent à tomber et une femme, tenant son enfant dans ses bras, les yeux hagards, se met à courir devant elle comme une folle...

Est-ce une protection divine ? Je ne sais ; mais, ce qu'il y a de certain, c'est que cinq minutes après avoir quitté notre emplacement de manœuvres, une pluie de marmites allemandes ravagèrent le sol à cet endroit précis !

Si nous étions restés là quelques instants de plus, nous aurions été anéantis... J'ai su qu'un avion boche nous avait signalés et survolé à notre insu et que, grâce à son appareil de télégraphie sans fil, il nous avait repéré à l'artillerie.

Nous rentrâmes au cantonnement en longeant les murs : personne ne fut blessé, fort heureusement...

De ce jour, le colonel défendit de manœuvrer à cet endroit, désormais battu par les grosses pièces allemandes.

Reims, 8 février 1915.

LES RELIGIEUSES DE REIMS

La garnison de Reims, malgré un siège de onze mois, a conservé une excellente santé et l'on peut dire que le dévouement inlassable des religieuses de la ville peut compter pour beaucoup dans cet état sanitaire parfait.

En effet, il a fallu, depuis presque un an, blanchir toutes les troupes qui défendent la ville du Sacre de Charles VII ; il a fallu donner du linge à nos soldats. Des religieuses se sont offertes spontanément. Elles sont restées volontairement sous les obus ; elles ont demandé autour d'elles les concours de blanchisseuses d'occasion et elles sont arrivées à organiser une œuvre magnifique qui suscite l'admiration de tous, même des ennemis de la religion, car ici il ne s'agit pas de propagande, il s'agit seulement de rendre service à la Patrie.

Les Sœurs de Saint-Vincent-de-Paul, rue..., ont installé un véritable magasin dans lequel sont étiquetés les paquets de chemises, caleçons et chaussettes de chaque soldat. Celui-ci dépose son linge sale et souvent déchiré : les sœurs se chargent de le laver et de le repriser et le déposent dans cette vaste salle où le « poilu » n'a qu'à venir le chercher.

Les Sœurs de l'Enfant-Jésus, rue du..., font la même chose, mais en plus, elles *donnent* du linge, qu'elles achètent elles-mêmes avec leurs faibles ressources. Bien mieux, dans une salle immense sont installés des bains de pieds et là, chez eux, nos soldats changent de chaussettes (chose si précieuse pour un troupier).

Et cela dure depuis des mois et des mois : les obus ont lacéré les murs de ces couvents, mais les sœurs ne prennent pas garde à la mort.

Une supérieure à qui je demandais si les religieuses descendaient en cave lorsqu'on bombardait, se mit à sourire et très calme, me fit cette réponse :

« — Quand on bombarde ?... Eh bien, nous laissons pleuvoir les obus, seulement nous mettons à l'abri les ouvrières civiles qui viennent nous aider à blanchir le linge. Quant à nous, nous continuons notre travail ! »

N'est-ce pas superbe, la résignation de ces femmes qui veulent, comme les soldats aux tranchées, rester fièrement à leur poste de combat ?

Malheureusement, si la campagne se prolonge et si Reims est toujours assiégée, les sœurs de l'Enfant-Jésus se demandent comment elles trouveront de l'argent pour continuer à pouvoir acheter du linge pour nos soldats et pour payer les blanchisseuses civiles...

SŒUR « QUINZE GRAMMES »

Depuis que j'avais pris le commandement de ma compagnie, mon sergent-major m'avait dit souvent que les hommes pouvaient, chaque semaine, prendre un bain chaud et que le linge était lavé régulièrement et les chaussettes reprisées sans bourse délier : quelle chose bien précieuse, unique, inappréciable en temps de guerre !

« — Par qui, demandai-je, viennent tous ces bienfaits ?

« — Par les sœurs de l'Enfant-Jésus ! »

Je résolus d'aller remercier, moi-même, ces femmes excellentes et, hier, accompagné de mon adjudant et d'un autre de mes sous-officiers, je me suis fait conduire à la maison des Sœurs.

Je sonne, la porte s'ouvre et une cornette blanche apparaît, auréolant un fin sourire de petite vieille.

Je salue et j'explique le but de ma visite : alors, à pas menus, la sœur me conduit à travers de longs couloirs, encombrés de plâtras.

« — Ça, me dit-elle, c'est le travail des obus. Oh ! cette nuit du 18 septembre !... Pensez, Monsieur, j'étais là à fermer les yeux de nos morts lorsque cet obus est tombé ici : dix de nos sœurs furent blessées ! »

Une porte est poussée et me voici dans une vaste salle où des femmes de tout âge cousent près d'une large fenêtre.

Tout à coup, une ombre passe, nous frôle, puis disparaît. Ce petit être est si microscopique qu'on l'aperçoit à peine.

Et, dans un éclat de rire, la supérieure, car c'était elle notre aimable cicérone, nous dit :

« — Voici la sœur Quinze-Grammes !

« — ?...

« — Oui, oui ! ce sont les soldats qui l'appellent ainsi. »

Alors j'aperçois sous la cornette, un fin minois chiffonné qui baisse les yeux en m'apercevant, va donner une indication pour la réparation d'un chandail, puis se sauve en trottinant, telle une souris...

« — Vous ne savez pas ce qu'elle a fait, l'autre jour, sœur Quinze-Grammes ? Eh ! bien, elle est allée, de porte en porte, pour demander des sous pour vos soldats... »

Sœur Quinze-Grammes venait de rentrer soudain.

« — Oui ! me dit-elle ; on m'a même prise pour une espionne, l'autre jour !

« — Alors, ma sœur, lui dis-je... qu'avez-vous répondu ?

« — Dieu vous bénisse ! »

Nous rions. Ce petit être, charmant et bon, nous quitte encore pour s'occuper des raccommodages de nos soldats et la supérieure m'explique que le matin même, la sœur Quinze-Grammes est entrée, en coup de vent, au réfectoire et, ayant déposé devant elle un gros mouchoir plié, s'était éclipsée.

« — C'était un paquet de sous, produit de sa matinale et patriotique promenade.

« — Ma mère, il ne faut pas dire cela !... interrompit en rougissant sœur Quinze-Grammes. Qu'ai-je donc fait de si extraordinaire ?

« — Si, si !...

« — Mais pourquoi ne m'avez-vous pas demandé la permission de quêter ici ? interrogea à demi sévère la supérieure.

« — Oh ! répondit d'un air futé la petite souris... parce que j'étais certaine à l'avance, que vous me l'auriez refusée !

« — Tiens !... C'est comme au régiment ! » conclus-je.

Voilà, n'est-ce pas ? des dévouements sublimes qu'il faut mettre en lumière ! Ces femmes, si simples, sont des saintes.

Apprenez maintenant comment est né cet abri, si généreusement offert à nos soldats pendant qu'ils défendent la ville de Reims. Car toutes les troupes de la garnison profitent de cette offre si appréciable et chaque soldat a son linge lavé, ses chaussettes de laine reprisées ; il reçoit des chemises chaudes, des tricots, et peut prendre un bain. Tout cela gratuitement !

« — Voilà, me dit la sœur supérieure : au début du bombardement, j'avais rencontré dans la rue, un pauvre soldat si sale, si fatigué, que je lui offris du linge de rechange. Le lendemain, il m'amena des camarades. Je devinai qu'ils seraient heureux de pouvoir prendre un bain de pieds. Bientôt, je compris que cette bien modeste hospitalité pouvait être quand même précieuse à nos vaillants défenseurs. Toutes mes sœurs m'aidèrent ; puis des voisines, et chacun y mettant un peu du sien, nous arrivâmes à obliger de nombreux soldats. Aujourd'hui, presque tous les régiments viennent chez nous. Nous sommes si heureuses — ajouta la sœur — de ne pas rester inutiles en ce temps où notre pays souffre tant ! »

Je laissai une aumône à ces vaillantes religieuses. Oui, c'est beau, c'est même admirable, de voir ces humbles femmes rester si stoïques sous les obus pour obliger nos soldats !

Ce qu'elles font là, c'est de la vraie charité chrétienne. C'est la grande religion qui transforme les cœurs, en les purifiant, en les grandissant, en les rendant meilleurs !

Gloire donc à ces sœurs françaises qui servent si utilement la Patrie !

Reims. — 11 février 1915.

MES POILUS

On dirait, à les voir, des hommes préhistoriques ressuscités des cavernes ! Mais, au fait, ne sommes-nous pas revenus à cette vie de troglodytes ?... Depuis quatre mois, nous vivons sous terre, dans ces tranchées savamment dessinées, sous ces abris blindés, dans les salles de repos souterraines.

Nous voilà donc revenus à l'âge de pierre ; hélas ! aussi à l'âge de fer, avec les canons et les mitrailleuses, et surtout — grâce aux Boches — à l'âge de la barbarie.

Les poilus sont donc bien dans leur cadre d'hommes préhistoriques ; regardez-les, vêtus de lourdes peaux de moutons, engoncés dans leur passe-montagne qui leur donne l'air de ces chevaliers du XVe siècle dont ils ont d'ailleurs l'âme généreuse, le képi recouvrant une figure bronzée autour de laquelle flotte un cache-nez de laine.

Quelques-uns ont des sabots aux pieds, et la boue recouvre la capote décolorée, fanée et presque toujours déchiquetée par les balles et les éclats d'obus.

Quant au pantalon, il est ou de velours marron, ou de drap qui fut rouge naguère, ou bleu : ici encore, ce sont des loques qui habillent les braves. Bah ! le fusil au bras et les cartouchières pleines au ceinturon, ils ont vraiment belle allure, mes poilus !

Vous croyez peut-être qu'ils sont tristes ? Quelle erreur ! Dans la neige, dans la boue, leur bonne figure si franche, si droite, rayonne de joie. Dans la tranchée, on est gai tout en étant grave.

Les heures de faction aux abris de première ligne n'empêchent pas de se reposer quelques heures dans les abris-cavernes où un brasero jette une lueur pourpre dans cet antre obscur : là, enroulés dans des couvertures, les poilus ronflent comme des bienheureux.

Souvent, je vais les voir et leur figure est pleine d'émotion ; car, durant cette trêve du danger, passent devant leurs yeux, lourds de sommeil : l'ombre du village, des parents, des êtres chers laissés là-bas... Mais, qu'une « marmite » vienne à tomber sur la tranchée : vite, on oublie son rêve, et le poilu-poète redevient le défenseur du sol envahi. On court aux abris ; si l'ennemi attaque et si l'on tombe, tant pis, c'est pour la France ! Ah ! certes, les « braves gens » de Sedan ont laissé de dignes héritiers ; avec de tels hommes la Victoire est certaine !

Il faut que, la nuit, lorsqu'ils veillent, les poilus ; lorsqu'ils sont là, immobiles et silencieux, devant les créneaux, face à l'ennemi qui les guette ; il faut que le chef soit près d'eux, de temps en temps, qu'il passe paternellement sous les abris de la tranchée, et qu'il réconforte ces braves qui endurent la fatigue, le froid (la peur peut-être) en tout cas, risquent la mort à tout instant, sans jamais se plaindre ni murmurer ; car les poilus savent que, modestement mais utilement, ils servent la Patrie : ils ont conscience de leur haute mission. Il faut être arrivé à pas de loup, au débouché d'un boyau, près de nos soldats aux aguets, pour savoir ce qu'il y a chez eux de courage réfléchi, de sang-froid, de grandeur et de bonté : vous les frôlez, ces hommes aux peaux de biques, ils ne se retournent même pas ; leurs yeux sont fixés sur le réseau de fils de fer barbelés qui protège leur tranchée. Personne ne parle, les fusils eux-mêmes sont haletants ; car, si une ombre surgit en rampant devant eux, aussitôt le silence glacial de la nuit vibre d'un clic-clac qui s'appelle peut-être là-bas, à quelques centaines de mètres : la Mort !

Les heures s'écoulent ainsi, longues, longues et pourtant personne ne dort, mais le cerveau travaille, et tout en assurant son service le Breton rêve à la chaumière de Concarneau ou de Lockmariaquer. L'un d'eux, un jour, sortit de son matelas une petite photographie, toute jaunie : c'était le portrait de sa femme et de ses deux enfants. Il me montra ce souvenir, et comme j'admirais cette belle famille, je vis la figure basanée de ce gars d'Armorique s'épanouir largement : pour une minute, ce brave était heureux...

Mais, hélas ! les plus à plaindre de tous mes hommes sont ceux qui ont laissé les leurs dans les départements envahis : les Ardennes, le Nord !

« — Voulez-vous des cartes postales ? » demandai-je, sans réfléchir, à l'un d'eux.

Alors, avec une tristesse infinie dans le regard :

« — Pourquoi faire, mon capitaine ? Tous les miens sont aux mains des Allemands ! »

Quelle appréhension pour ces hommes mariés qui peuvent tout craindre de la barbarie teutonne !

Il faut donc que nous, officiers, nous nous intéressions au sort de ces poilus héroïques et que nous nous penchions par instant sur leurs peines afin de ranimer le moral qui pourrait s'affaiblir, s'effriter...

C'est long, la guerre ; c'est dur, la vie de tranchée : notre rôle à nous, chefs, est de ranimer sans cesse le feu sacré. Oh ! l'effort à faire de notre part n'est pas grand : un mot bien dit à propos, une bonne poignée de main, quelquefois une cigarette ou un paquet de tabac, et le poilu est content, réconforté, mis en confiance avec celui qui le commande.

Surtout, surtout, comblons le fossé qui existe entre l'officier allemand et le soldat : cela, c'est la plus détestable manière de conduire des hommes.

Inspirons-nous, au contraire, des doctrines géniales du général Lyautey et, avant lui, des grands généraux de la première République et du premier Empire.

Aimons nos hommes ; cela, sans familiarité, en sachant conserver la distance inhérente au grade. Mais, disons-nous que le soldat n'accordera son dévouement à son chef et ne lui obéira aveuglément comme il doit le faire, qu'à une seule condition : la camaraderie de la grande famille.

Finies, les théories de classes, de castes ! Finie, la tour d'ivoire : le champ de bataille a purifié ces préjugés mauvais en un nivellement salutaire. Il a, certes, fait couler du sang vermeil, mais il a aussi montré que, devant la Mort, le grade n'existe plus et que, seul, l'homme demeure avec sa noblesse et son abnégation grandiose !

J'ai vu un chef blessé à une attaque et qu'un simple soldat alla chercher à plus de 300 mètres en avant sous une grêle de balles meurtrières.

Pourquoi risquer ainsi sa vie ? Ah ! cela ne se raisonne pas, cela s'admire en silence et ne se paye qu'avec des larmes de reconnaissance.

Par contre, j'ai vu des officiers allemands conduire leurs hommes au feu avec le revolver au poing.

Or, sachez bien qu'on ne conduit pas des hommes à la mort avec le fer, mais avec le cœur !

Voilà pourquoi nos poilus de 1914-1915 resteront dans l'histoire du monde comme l'image la plus glorieuse du patriotisme français.

Quant à moi, je garde une fierté très grande d'avoir pu commander de tels héros et jamais ne s'effacera de ma mémoire ce « type » des temps modernes, évocation des temps passés, qui restera le symbole de la Beauté guerrière, bien française, de la ténacité d'un peuple volontaire, décidé à défendre son sol jusqu'à la dernière goutte de son sang : Le Poilu !

Tranchées de Reims 14 février 1915.

A UN MÈTRE DES BOCHES

C'est là, dans la tranchée de première ligne.
Les balles sifflent, sans arrêter, au-dessus de nous. Les ricochets frappent la craie avec rage.
Nous avançons et le lieutenant qui me guide me dit de baisser la tête : nous sommes ici à vingt mètres des Boches.
Derrière des boucliers blindés, quelques hommes veillent : parmi eux, le sous-lieutenant L... se tient à l'affût.
« — Tenez, mon capitaine, me dit-il en riant, venez voir les Boches : on dit qu'en Argonne nous sommes à quelques mètres d'eux. Eh ! bien, ici, qu'en dites-vous ? »
Je regarde par un trou de bouclier et j'aperçois à quinze mètres de nous une planche qui remue.
« — ?...
« — Mais, ce sont eux qui, chaque fois que nous tirons, marquent les rigodons !
« — Ce sont sûrement des Bavarois, dis-je alors, car jamais des Prussiens ne s'amuseraient ainsi.
« — En effet, m'assure mon camarade, la relève de quatre jours a été faite hier ! »
Ainsi, nous sommes à deux pas des Boches et nous savons que, parmi eux, les Bavarois sont des « bons garçons », tandis que les Prussiens, les Saxons, les Wurtembergeois, sont de véritables rosses.
Les premiers tirent peu et nous laissent tranquilles, alors que les seconds tiraillent sans discontinuer.
Le lieutenant H..., qui commande précisément la compagnie occupant ces positions avancées, me sert de cicerone.

« — Vous n'avez rien vu encore, mon capitaine ! »

Et, comme dans l'amusante *Visite à l'Abbaye*, de Galipaux :

« — Venez par ici ! » me dit-il.

Les boyaux succèdent aux boyaux, creusés profondément dans la craie : ils sont recouverts de grillages pour éviter l'éclatement des grenades que lancent sans cesse les Allemands.

« — Baissez-vous ! » me crie le lieutenant.

En effet, une balle me frôle.

« — Allons ! ce n'est pas encore pour cette fois ! » dis-je tout haut.

« — Chut !... me souffle à l'oreille mon aimable guide, les Boches sont là, à 2 mètres de nous !... Tenez, voyez-vous ces sacs de terre qui bouchent ce boyau, là, à gauche : les Boches sont derrière. Ces sales bêtes, viennent même en plein jour nous enlever ces sacs à notre nez ! aussi, j'ai fait mettre ici une clochette pour nous avertir. Quand ils tirent un sac, la clochette tinte et nous tirons dans le tas.

« — Hier soir, me dit le lieutenant L..., ils m'ont blessé un de mes hommes, mais j'en ai blessé aussi un des leurs : il criait comme un putois ! »

Et voilà la vie des tranchées devant Reims, à un mètre des Boches. Quel courage faut-il à nos soldats pour rester là, en faction, à l'embuscade, chassant le fauve qui est là, armé jusqu'aux dents, prêt à bondir sur la sentinelle !

Avant de quitter cette tranchée avancée, où ce boyau commun à nous et aux Allemands est tout un poème, le lieutenant H... soulève une trappe et j'aperçois un puits béant, admirablement boisé qui semble descendre jusqu'aux entrailles de la terre.

« — C'est un trou de mine !... me fait-il remarquer. On y descend par une sorte d'échelle verticale et l'on écoute si les Boches travaillent à la sape pour nous faire sauter. »

Quelle guerre ! grand Dieu !

Quelle chasse, plutôt !

On s'ingénie à se terrer, à se détruire, on se « muche », on rampe, on creuse, on s'abrite derrière des touffes de fleurs pour attendre la Mort !

Tranchée de la Noë. — 21 février 1915.

AU CIMETIÈRE DU NORD

Un obus était tombé dans la cour de notre cantonnement, pendant que la compagnie était aux tranchées. Le soldat Bertrand se rendait aux cuisines, son couteau dans la main droite, une miche de pain dans la main gauche...

L'obus éclata soudain, l'étendant net. Un gémissement, un raidissement suprême et ce fut la fin de ce brave...

***

En rentrant quelques jours après, je voulus savoir où reposait le corps de Bertrand.

L'abbé H..., caporal au bureau du colonel me renseigna (car aucun avis officiel ne m'était parvenu) :

« — C'est moi qui l'enterrai, me dit-il ; sa tombe se trouve au cimetière du Nord non loin de celle du colonel Hébert ! »

***

Le 19 mars au rapport du matin, de ma compagnie — la 24ᵉ — le sergent-major lut cette simple note :

« Le capitaine Thorel, tenant à rendre un dernier hommage au soldat Bertrand tué au cantonnement par un obus, se rendra à 12 h. 1/2 au cimetière du Nord. Les hommes désireux de l'accompagner devront se trouver prêts à 12 h. 1/2 devant le bureau de la compagnie ! »

A l'heure fixée, je vis un grand nombre de mes hommes en tenue. Je les emmenai en colonne par quatre jusqu'au cimetière, là-bas, près de la porte Mars.

Nous longeâmes des rangées de tombes ; puis, tout à coup, un vaste emplacement hérissé de croix noires, nous indiqua le cimetière militaire.

Que de croix !...

La terre était fraîchement remuée et, çà et là, quelques trous non comblés, préparés pour ceux qui vont mourir... Un long talus : c'est la fosse commune.

Quelques inscriptions, quelques couronnes, quelques fleurs fanées et c'est tout...

Devant la tombe du colonel Hébert — ancien commandant du 347e, tué dans les tranchées — j'arrête mes hommes :

« — Présentez, armes ! »

Chacun reste immobile, les yeux rivés sur ces tombes : (celle de Bertrand est toute proche).

« — Mes amis, dis-je, vous voyez qu'ici, les galons n'existent plus. Cette tombe de notre ancien chef est parmi celles des simples soldats ! La mort de ces braves, qu'ils soient officiers ou seulement soldats, doit être saluée par ceux qui vivent encore ! Jamais nous ne nous sentons plus d'une même famille que devant ces tombes à peine recouvertes, que dans ce cimetière pas même respecté par les obus de l'ennemi !

« — Chaque fois que nous aurons la douleur de perdre un des nôtres au champ d'honneur, nous viendrons saluer ses restes glorieux !

« — C'est là un devoir que des combattants doivent accomplir ; c'est là une dette sacrée que ceux qui sont vivants doivent payer à ceux qui sont morts pour la Patrie !...

« — Reposez, armes ! »

On n'entend que le mouvement sec des mains saisissant les fusils.

Mes hommes circulent maintenant parmi les tombes :

« — Tiens, ce pauvre Leganec ! »

Les camarades se groupent près d'une croix.

Je laisse chacun se recueillir ; puis, un de mes sergents rassemble cette délégation et nous allons visiter, avant de quitter le cimetière, les tombes des soldats allemands.

Un gros obus en acier est tombé là, éventrant une chapelle funéraire.

Là, c'est un caveau qu'un projectile a mis à ciel ouvert. Les bières sont ouvertes ; les barbares tiennent non seulement à assassiner les vivants, mais encore à réveiller les morts !

Reims, 19 mars 1915, 16 heures.

I. — BALEMBOIS [1]

C'est le nom d'un de mes hommes : grand, bien musclé (il était lutteur de foire) les yeux bleus, sa figure était douce et respirait la franchise.

J'arrivai à la compagnie et, en prenant le commandement, on me passe Balembois en consigne. C'était au dire d'un officier, un mauvais soldat, qui jamais n'avait pris part aux attaques, un lâche.

Je parlai à cet homme en toute franchise et j'acquis la certitude qu'on pouvait le remettre dans le droit chemin.

Le 22 février 1915, nous étions dans la tranchée de première ligne ; la journée avait été rude, car les Boches bombardèrent Reims avec une férocité inouïe.

Le soir, dans mon poste de commandement du Mamelon, j'attendais anxieux le résultat du bombardement de l'après-midi. Vers 8 heures du soir, un tonnerre effroyable fit trembler la terre ; l'ennemi préparait une attaque. Aussitôt, tout le monde fut sur pied et la sonnerie de mon téléphone tinta désespérément :

« — Allo ! allo !... me cria-t-on du poste de la Noé ; les Boches sortent des tranchées et marchent sur nous ! »

---

[1] Ce chapitre et le suivant constituent deux versions différentes du même épisode. Nous croyons, cependant, devoir les publier tous deux, parce qu'ils prouvent, à la fois, le souci d'exactitude que le capitaine Thorel apportait à la rédaction de ses « Souvenirs de guerre » et la bonté pitoyable qu'il témoignait aux soldats même les moins recommandables.

Je donne l'ordre de prendre les emplacements de combat. Instantanément, les fusils sont chargés derrière les créneaux et font rage.

Notre artillerie, prévenue, fait à son tour un tir de barrage admirable avec nos 75 ; l'attaque est arrêtée.

Le calme renaît, les nerfs se détendent...

*
* *

Le lendemain matin, le sergent D... me remet un rapport, dans lequel il est dit que le soldat Balembois, de sa section, a abandonné son poste au moment de l'attaque et qu'il a été se reposer en troisième ligne...

Abandon de poste devant l'ennemi... Je portai huit jours de prison à Balembois, qui m'avouait en effet sa lâcheté mais la regrettait.

Le sergent D... insista, me disant que Balembois était coutumier du fait et qu'il se sauvait chaque fois que ses camarades marchaient au feu...

Le colonel m'obligea à déférer Balembois au Conseil de guerre. Je fis personnellement une enquête. Mon devoir de chef m'imposait cet acte sévère...

Bah ! pensais-je, trois ans de prison, c'est le tarif ordinaire !

Sur ces entrefaites, on me glissa à l'oreille que le sergent D... mûrissait une vieille vengeance, datant du moment où Balembois et lui n'étaient que simples soldats.

Je pensai que je dirai au Conseil de guerre cette circonstance particulière comme défense...

Les jours passèrent... Le 19 mars 1915, je sortais d'une soirée récréative donnée au cantonnement par mes soldats, lorsque le sergent se précipita vers moi :

« — Mon capitaine !...

« — Mon capitaine, j'ai été cette après-midi au Conseil de guerre... Balembois est condamné à mort !... ».

J'étais atterré, anéanti.

« — C'est impossible ! répliquai-je ; on ne m'a même pas averti qu'on le jugeait !

« — Je vous assure, mon capitaine, que le verdict est rendu. On a à peine entendu le coupable et le Conseil de guerre n'a retenu sèchement que le fait *d'abandon de poste devant l'ennemi*... J'ai voulu parler on ne m'a pas laissé finir... »

Oh ! c'est épouvantable !... Balembois condamné à mort !... Je rentrai chez moi en courant et, saisissant du papier à lettre, j'écrivis en hâte à mon chef de bataillon d'essayer de supplier le général de division d'user de son droit de grâce...

※

Le lendemain matin, j'étais de nouveau dans mon poste de commandement de la tranchée ; le chef de bataillon entra, grave !

« — Mon pauvre Thorel, me dit-il, j'ai reçu votre lettre. Oh ! je sais que vous êtes un brave garçon... mais je ne ferai aucune démarche au sujet de Balembois. L'abandon de poste est formel, il n'y a aucune circonstance atténuante à plaider. La lâcheté doit être punie. Il faut faire un exemple.

« — Alors, mon commandant, hasardai-je, il n'y a rien à faire ? »

Un hochement de tête significatif et une poignée de main, pleine d'émotion, furent la navrante réponse.

« — Oui, c'est affreux, affreux !... balbutia-t-il ; mais *il le faut !* »

Le commandant sortit et mes hommes, qui avaient assisté à cette scène rapide, me regardèrent navrés. Nous restâmes silencieux, puis je sortis prendre l'air dans les tranchées.

Là, un caporal vint à moi et, tout en larmes :

« — Mon capitaine !... Mon capitaine, il paraît que, dans quarante-huit heures, on va le fusiller ! »

※

Je ne dormis pas de la nuit ; je veillai, en proie à une émotion intense, j'allais faire des rondes à mes petits postes. L'aurore vint, radieuse sur le premier jour de printemps : le 21 mars...

Je regardai ma montre : elle marquait cinq heures ; un de mes sous-officiers, qui venait de faire aussi sa ronde me croisa.

« — C'est fait !... lui dis-je à voix basse.
« — Quoi donc ? mon capitaine ?
« — Balembois vient d'être fusillé... »

Reims, 21 mars 1915.

II. — BALEMBOIS

Le 23 mars 1915, nous étions encore au cantonnement à Reims.

J'allais passer mes hommes en revue, lorsqu'un soldat d'une autre compagnie s'approcha de moi :

« — Mon capitaine, me dit-il avec mystère, Balembois n'a pas été fusillé !

« — ?...

« — Je vous le jure, mon capitaine ! Voici : j'ai passé le même jour que Balembois au conseil de guerre et, le soir, on nous lut les peines à tous. Moi, j'ai attrapé trois ans de travaux publics. Lorsque l'on a annoncé la sentence à Balembois, il est tombé raide, hébété, mais n'a pas prononcé un mot.

Toute la nuit, dans la prison, je lui ai fait du café pour le soutenir, car le pauvre garçon savait qu'il serait fusillé au lever du jour ! »

« — Mais, c'est abominable ! m'écriai-je, hors de moi ; les pires condamnés à mort n'apprennent leur rejet en grâce qu'au moment de monter à l'échafaud ! Alors, Balembois savait, la veille au soir, qu'il n'avait plus que quelques heures à vivre ! Mais, c'est affreux, affreux !... Vous dites donc que Balembois est encore à la prison ? »

Et, sur l'affirmative du soldat, je partis sans plus tarder à la Aubette.

Là, non loin de la Porte de Paris, j'avisai une maison basse devant laquelle se promenait un gendarme.

« — Est-ce là la prison militaire ?

« — Oui, mon capitaine !

« — Le soldat Balembois, demandai-je, hésitant, a-t-il été fusillé ?

« — Non, mon capitaine, il est là ».

Oh ! alors, j'éprouvai un énorme soulagement, je respirai !

« — Je suis le capitaine Thorel, son commandant de compagnie ! Pourrais-je le voir quelques instants !

« — Mon capitaine, cela est interdit ; mais vous pouvez demander l'autorisation au capitaine-rapporteur au conseil de guerre. »

Un mot, porté à bicyclette par un gendarme, et je reçus le *Dignus Intrare*.

Alors, j'assistai à une scène vraiment poignante, inoubliable.

Un maréchal des logis de gendarmerie, un brave père de famille, tout ému à la pensée qu'on avait dû fusiller Balembois, donna un ordre à ses subordonnés.

Un poste d'un corps de garde improvisé fut passé et j'entrai dans une grange assez sombre où dormaient quelques hommes.

« — Sortez tous ! » cria le sous-officier.

Les hommes se retirèrent et je restai seul, au milieu des bottes de paille...

Alors, un homme s'avança dans la pénombre.

Un homme ? Non pas, une loque humaine.

Je vis deux grands yeux bleus que je connaissais, qui reflétaient la stupeur.

Etait-ce donc l'heure fatale ?...

Balembois, car c'était lui, ne m'avait pas tout d'abord reconnu ; puis, soudain, tout son être se redressa et, méfiant, il se mit instinctivement au garde-à-vous, ignorant le but de ma visite.

« — Mon pauvre Balembois, lui dis-je alors, en lui serrant la main... Je suis, je vous l'assure, *bien heureux* de vous voir ici devant moi aujourd'hui. Vous pouvez le demander à vos camarades, lorsque j'ai su que vous étiez condamné à mort, j'en ai été malade et eux aussi.

« Certes, votre lâcheté méritait la peine capitale, mais j'ai su que vous aviez à votre acquit des circonstances atténuantes.

« J'ai su que vous étiez l'aîné de douze enfants, que votre père était aveugle, et que votre mère ne s'occupait pas de vous.

« Vous avez toujours manqué de conseils, de direction... Et puis, j'ai su aussi que, depuis dix ans, vous souffriez le martyre sans vous plaindre, ayant une grave hernie... Mais pourquoi ne m'avez-vous pas parlé lorsqu'il était temps encore ?

« — Oh ! mon capitaine, mon capitaine, me balbutia le pauvre garçon... je ne sais pas, j'étais habitué à souffrir depuis si longtemps, je n'ai pas osé me plaindre, tout le monde souffrait autour de moi.

« — Mais, voyons !... Quand votre avocat vous a demandé ce que vous aviez à répondre pour votre défense, il fallait parler, crier, vous défendre, votre vie était en jeu.

« — Laissez, laissez ! mon capitaine, j'ai commis une faute grave ; on veut me tuer, tant pis !... »

Ce fut toute sa réponse. Je n'avais pas abandonné sa main, toute froide, qui tremblait, tout en me serrant très fort, très fort, comme si j'étais maintenant son dernier soutien.

Je lui racontai alors comment, à mon avis, on avait suspendu sa condamnation. Je lui dis, qu'ayant appris la sentence du Conseil de guerre, j'étais allé en courant chez moi écrire en hâte au chef de bataillon, afin qu'il supplie le général de division d'user de son droit de grâce, que cette démarche avait échoué, mais que mon mot adressé à l'aumônier, la veille de l'exécution, avait dû décider de tout, le dimanche (jour où l'on ne fusille pas) ayant aidé très probablement l'intervention de l'aumônier et du général D...

A ce moment, je fus obligé de m'arrêter ; les mots ne venaient plus.

Les gendarmes, qui s'étaient écartés au fond de la salle, se retournèrent, émus : Balembois pleurait maintenant, la tête basse.

Cet être maladif se souvenait... Le remords secouait ce cœur d'apparence si insensible.

« — Mon capitaine, mon... »

Un gros sanglot acheva seul la phrase.

« — Allons, allons !.. du courage, Balembois ! Tout n'est pas encore perdu. On a fait sur vous un rapport médical très favorable et vous ne serez probablement pas fusillé. D'ailleurs, croyez bien que je ne vous abandonnerai pas ! »

Je me dégageai de cette poignée de main suprême, qui en disait, certes, plus que tous les mots de reconnaissance qu'aurait pu me dire ce condamné à mort, dont la grâce fut un peu mon œuvre.

Je sortis rapidement de la grange, dont je ne pourrai plus maintenant chasser l'image de mes yeux ; je ne me retournai pas.

« — Merci ! merci !... » dis-je aux gendarmes en me sauvant. J'avais besoin d'air, de soleil ; j'avais surtout dans le cœur une grande joie, et quelque peu de fierté, car j'avais appris par l'avocat de Balembois, qu'il ne serait vraisemblablement plus conduit au poteau d'exécution.

Je rentrai au cantonnement, en sifflotant ; oui, j'étais bien content de ma journée ! Sans perdre de temps, je fis rassembler ma compagnie et j'annonçai la nouvelle à mes hommes.

Alors, spontanément, toutes les poitrines crièrent :

« — *Bravo ! mon capitaine et merci... merci !* »

Ainsi, Balembois était aimé, malgré son crime. Cette marque de reconnaissance me prouva donc que, vraiment, l'armée est une grande famille, où l'on souffre des peines des camarades, et où l'on se réjouit de leur joie.

Décidément, je ne regrettai pas ma journée du 23 mars 1915 qui marquera dans les dates heureuses de ma vie.

Reims. — 25 mars 1915.

UNE NUIT AGITÉE

Il est une heure du matin et, par un splendide clair de lune, je sors de mon poste de commandement, vêtu de ma peau de bique, pour aller faire ma ronde à mes tranchées de première ligne.

Dans les boyaux, je croise quelques-uns de mes poilus ; il fait glacial et mes sentinelles sont entortillées dans leur couverture et sanglées dans leur plastron de mouton ; un cache-nez laisse seulement voir deux yeux, un nez et une bouche.

Quand je passe, ma canne à la main, ces braves gens s'effacent — car les boyaux sont étroits — en portant la main à leur képi. Ici, on ne parle pas, ou l'on parle à voix basse car l'ennemi veille lui aussi dans ses tranchées, à quelques mètres de nous. J'arrive à mes banquettes de tir et là, devant les créneaux, mes hommes comme des statues épient les Boches qui, sans cesse, tirent sur nous.

« Tac-boum ! » c'est le bruit d'une balle venant s'aplatir sur la craie.

« — Bonjour, mon capitaine ! » me chuchote une ombre. C'est un de mes sous-officiers qui fait le quart :

« — Rien de nouveau ?

« — Non, mon capitaine : quelques grenades et surtout beaucoup de balles. Les Boches s'amusent, je crois ; car, tout à l'heure, on les a entendus crier à la tranchée de la Noé : « Français, capout ! » Mais notre artillerie a eu vite fait de les museler : un bon 75 dans le trou de mine et... silence complet ! Les copains ont alors crié : « Boches, capout ! »

Nous rions tous les deux, par cette belle nuit de printemps qui jette son voile pâle sur la plaine toute blanche, sur laquelle se détachent là-bas, en ville, les hautes tours noires de la cathédrale.

Ce paysage lunaire est délicieux et je serais bien resté là toute la nuit en faction, moi aussi, avec mes hommes...

« — Psst !...

« — Prenez garde, mon capitaine !... me fait observer mon caporal Deham : ici, baissez la tête, car les balles sifflent continuellement :

« — Bah ! les balles, ça me connaît !... »

Toute la journée et toutes les nuits j'entends ces « Psst ! » ou ces « Tac-boum » qui chantent à mes oreilles ; la berceuse de la mort, quoi !

On ne fait plus attention à ces appels caressants, que je préfère de beaucoup au « zim-boum » des obus boches qui nous arrivent par salves sans crier gare !

Ma ronde continue ; je marche déjà dans mes tranchées depuis cinq minutes et je n'ai pas encore fini mon inspection.

Ici, ce sont les mitrailleuses ; là, c'est le canon de 37 m/m.

J'arrive à un poste d'écoute et, à travers une double épaisseur de boucliers de tôle, par une petite ouverture grosse comme une orange, je regarde les tranchées ennemies, hérissées sur le devant de chevaux de frise et de réseaux de fils de fer : quel admirable travail de défense ! Rien ne bouge ; pourtant ils sont là, eux aussi, tout comme nous, le canon du fusil braqué dans les créneaux, sur nos tranchées.

La lune contemple en silence ce spectacle impressionnant : quand donc finira cette chasse à l'affût, dans laquelle le gibier, c'est l'homme ?

Je m'apprêtais, vers 2 heures du matin, à réintégrer mon poste de commandement du Mamelon, lorsqu'un de mes hommes me fit remarquer des lumières, de feux différents, qui brillaient en ville. En effet, à droite de la cathédrale, un feu mobile était parfaitement visible. Hélas ! depuis sept mois que nous sommes devant Reims, chaque nuit on aperçoit des espions ! Chaque fois, on signale ces signaux optiques qui font repérer nos pièces d'artillerie, mais on persiste à ne pas agir et cela est profondément décourageant ! Il n'y a qu'un remède à ce mal : chasser de Reims toute la population civile qui contient encore un grand nombre de Boches, renseignant nettement l'ennemi sur l'emplacement de nos batteries et de nos cantonnements... On n'a rien fait jusqu'à ce jour.

⁂

Je rentre donc chez moi, après avoir constaté que tout mon monde veille.

Me voici dans mon poste : la lampe est allumée et mon poêle est rouge. Un veilleur téléphoniste est là, qui, moitié sommeillant, fixe la marmite de café qui chante sur le feu.

Et les balles aussi chantent dehors et les ronflements sonores de mes agents de liaison me bercent doucement... Tout dort ici... Je vais donc, moi aussi, prendre jusqu'au jour quelques heures de repos. Je m'étends sur le bas-flanc :

« — Surtout, dis-je au veilleur, prévenez-moi s'il y a quelque chose !

« — C'est entendu, mon capitaine ; vous pouvez dormir tranquille ! »

Tac-boum... tac-boum... tac...

Je suis dans les bras de Morphée !

⁂

5 heures du matin.

« — Allo ! Allo ! la Noé !

« — Allo ! c'est le Mamelon ! Allo !... Bien !... Vous demandez la communication avec la Porcherie ? Parfait ! Hein ?... Dire à l'artillerie de tirer dans le trou de mine ? Entendu ! »

Et, tout aussitôt, passe strident au-dessus de moi, un sifflement bien connu : Z... Baoum ! C'est notre cher 75 des familles. Quel splendide éclatement ! Comme les Boches doivent être heureux de recevoir ce cadeau en plein dans l'œil !

Vous voyez bien qu'ici on ne peut pas dormir : ou c'est une fusillade dans la tranchée, ou c'est une canonnade, ou c'est une ronde à faire, ou bien c'est le téléphone !

Heureusement qu'il est 6 heures et que la relève va se faire. Au cantonnement, je vais donc pouvoir enfin roupiller... à moins encore que les obus boches (qui n'épargnent pas la ville), ne m'obligent à descendre dans les caves ; à moins encore que le colonel ou le commandant ne me fasse appeler...

En vérité, la tranquillité n'est pas de ce monde ; seuls les morts peuvent espérer l'obtenir et encore !

Ce matin, 30 mars, nous changeons de secteur. Nous allons au Linguet au lieu du Mamelon.

Reims. — 30 mars 1915.

MORT DE FAIM

C'était là, dans la cour d'une ferme, voisine de nos tranchées.

Errant à travers la maison, je me sentais ému devant le spectacle lamentable qui s'offrait à moi.

L'aspect intérieur de ce « home » semblait intact. Sur la table, la soupière était encore à demi remplie d'un potage maintenant moisi.

Les assiettes, non nettoyées, étaient là, devant des chaises vides.

La chambre à coucher n'avait pas non plus été bouleversée : tous les objets étaient en place, sur la cheminée, sur les meubles.

Dans la cuisine, seule une brèche énorme, attestait le passage de la guerre.

J'aurais eu honte de déranger quoi que ce soit dans cet intérieur déserté.

Le jardin embaumait les giroflées qui, par touffes, fleurissaient sous les premiers rayons d'avril.

Le poulailler était vide, la porte était ouverte ; dans une remise, un établi de menuisier avec tous les outils.

Et là, à demi cachée sous un lilas, une niche à chien.

Instinctivement je me penchai pour regarder à l'intérieur de celle-ci.

Un cri d'horreur sortit de ma poitrine : un pauvre chien était resté enchaîné !...

Son corps, en putréfaction, empestait. Alors, j'eus la vision terrible du drame qui avait dû se passer ici :

La vie familiale, soudainement interrompue par la guerre brutale ; l'arrivée subite des balles et des obus ; l'épouvante qui fait fuir, qui fait tout abandonner pour sauver sa vie...

Et le compagnon fidèle des jours heureux avait été oublié dans sa niche !

Oh ! les appels désespérés de cet animal enchaîné, qui, lentement, sans espoir d'être secouru, sentit venir l'agonie effroyable !

Je me sauvai, moi aussi : j'en avais vu assez.

20 avril 1915.

LA BOMBE INCENDIAIRE

Le 20 avril 1915, je dormais au cantonnement.
Maison confortable et lit moelleux. La nuit finissait. Soudain, un sifflement sinistre passe au-dessus de moi : une bombe ! je me rendors ; mais, aussitôt, un second sifflement, plus aigu que le premier, me fait sauter hors du lit, car le tir me semble raccourci !
En hâte, je m'habille.
Les bombes se rapprochent, en effet, de nous et comme la maison que j'occupe ne possède pas de caves, je me rends au cantonnement de ma compagnie, non loin de mon habitation, où des souterrains solides sont à l'abri du bombardement.
Le bruit mat des éclatements me poursuit. Je me retourne : des jets de flamme montent en torsades d'or vers le ciel bleu du matin.
Ce sont des bombes incendiaires, que les Boches assassins nous envoient des forts de Nogent-l'Abbesse et de Béru.
Un de ces obus a éclaté là, à trente mètres de nous. Curieux, je vais examiner les dégâts, conduit par un de nos cuisiniers, le soldat Maxés, et accompagné du lieutenant P...
« — La bombe, me dit Maxés, est entrée dans la maison d'une crémière, rue de Bétheny. »
En une minute, nous voici devant le lieu de l'accident.
Une jeune femme brune est là, sur le pas de sa porte, racontant aux voisins les détails de la catastrophe.

Très aimablement, elle veut bien nous montrer elle-même les dégâts causés.

Un escalier de bois conduit à une chambre : plus de porte d'entrée ; une odeur suffocante de phosphore me prend à la gorge. Quelle horrible vision que celle de ces meubles tordus par le feu, de ce lit éventré, et des gravats couvrant le sol !

« — Vous voyez, me dit la jeune femme, voici le trou d'entrée de la bombe. Ce matin, à cinq heures, je dormais profondément dans ce lit, lorsque ce mur tomba en grand fracas sur moi, m'ensevelissant à moitié. J'eus la force de me dégager et d'appeler au secours. Déjà, tout flambait ici ! Voyez, il ne reste plus rien chez moi ; tout est saccagé. Oh ! je n'ai pas à me plaindre, puisque je ne suis pas tuée. Mon mari est à la guerre. Lorsqu'il saura cela !... »

La voix de la malheureuse ne put achever. Toute tremblante d'émotion, elle nous montre l'orifice de sortie de la bombe, qui avait éclaté dans un cabinet de toilette de la maison voisine.

On nous fit voir le culot de l'obus — du 155 au moins — un vrai monstre, bourré de matières incendiaires.

Voilà les visites que nous recevons, de temps en temps, à Reims !

Vous croiriez peut-être que l'affolement règne ici ? Erreur !...

Je ne pus m'empêcher, en prenant congé de cette courageuse femme, de lui dire tout naturellement :

« — Au moins, Madame, vous n'oserez plus coucher dans cette maison ? »

Mais elle, très simplement, de me répondre cette phrase admirable :

« — Et pourquoi pas ? Si mon heure est venue, un peu plus tôt, un peu plus tard !... »

Voilà toute la mentalité stoïque du peuple français devant l'assassinat au compte-gouttes des hordes du Kaiser !

22 avril 1915.

LE PRINTEMPS A LA GUERRE

Les pommiers sont en fleurs, les abricotiers sont roses et, partout, c'est un parfum exquis de giroflées, de jacinthes et de lilas...

La nature se réveille ; les alouettes chantent tout là-haut dans le ciel bleu, piquant droit sur le soleil d'or.

Pourtant, point de laboureurs dans les champs... et point de chant de cloches, le soir, alors que le couchant resplendit.

Au lieu du gazouillis des grillons, c'est dans l'air un sifflement de serpents...

La Mort semble rôder par là, dans les tranchées de craie où veillent nos soldats : c'est hélas, encore, la guerre...

Le regard plonge-t-il dans l'horizon ?

Il voit ruines sur ruines : ici, ce fut le clocher de l'église de Bétheny ; là, ce pan de mur déchiqueté, fut naguère une des usines les plus riches de R..., celle des Anglais.

Partout, d'effroyables blessures, des trous monstrueux de projectiles ennemis...

J'ai traversé le cimetière : le printemps était né parmi les tombes et, déjà, les lierres et les églantiers commençaient à panser les plaies béantes d'obus dans les caveaux, en les recouvrant timidement de leur clair feuillage.

Un rideau verdoyant s'épaississait, de jour en jour, comme si la nature voulait effacer le crime, comme si le soleil d'avril avait honte de dorer l'œuvre des barbares réveilleurs des morts !

Oh ! puisse le soleil de mai arrêter l'hécatombe, en faisant la France victorieuse !

Alors, les fleurs pourront s'épanouir au grand jour, en pleine lumière, sans avoir à trembler au passage de la mitraille, sans avoir à s'effeuiller devant les balles meurtrières !

Pour le moment, la partie n'est pas encore gagnée, l'oppression n'a pas encore disparu : l'épée reste toujours sortie du fourreau !

Printemps, retarde donc encore ta fraîcheur, ton charme et ta griserie : attends, pour nous caresser, que le ruisseau de sang soit tari...

Tranchées de Reims. — 26 avril 1915.

EN HAUT D'UNE CHEMINÉE

J'étais de service, le 27 mai 1915, dans les tranchées du Stand.

Au cours de ma tournée d'inspection en première ligne, je rencontrai, à la Porcherie, le lieutenant d'artillerie F..., du 42e. Nous parlâmes des observatoires d'artillerie et, fort aimablement, il m'autorisa à visiter l'un des plus récents qui était son œuvre.

Je conviai le lieutenant S... à cette intéressante visite et, vers une heure de l'après-midi, nous nous trouvâmes au bas d'une immense cheminée, haute de soixante-huit mètres, qui domine les tranchées.

Des territoriaux se trouvaient là, ronflant dans un abri. Nous leur montrâmes notre autorisation, et, aussitôt, l'un d'eux nous pria d'entrer dans un vaste trou noir, où je me guidai, grâce à ma lampe électrique.

Une cage en bois, occupait l'intérieur de la cheminée. J'y pris place debout ; le lieutenant S... se serra contre moi, et, sans avoir pris le temps de fermer le loquet de la porte, nous quittons terre.

On se croirait dans un ascenseur ; mais, comme ce sont les soldats qui tournent le treuil, on sent à chaque tour de roue un soubresaut violent.

Nous montons dans le noir, et bientôt de grosses gouttes de sueur coulent sur notre visage. Nous sommes serrés comme des harengs dans une boîte de conserves. L'air devient irrespirable et j'ai hâte de revoir un peu de jour.

Ma montre m'indique qu'il y a déjà dix minutes que dure l'ascension ; le temps paraît long. Un éclair de la lampe électrique me montre le mur de la cheminée qui, très large dans le bas, se rétrécit considérablement.

Nous montons lentement. Pierre par pierre, nous allons atteindre le sommet et la cage ballotte maintenant.

Le lieutenant S..., voyant mon impatience, me fait remarquer qu'en cas de rupture du câble, il n'y a qu'à se servir d'un frein, très bien agencé ; mais le câble ne doit pas casser, car nos artilleurs sont prudents et nous ne courrons aucun risque.

C'est égal ! Il fait une température de bain turc !

Tiens, le jour !... Ce n'est qu'un trou d'obus qui a démoli en partie la cheminée. Nous montons toujours dans le noir. Soudain, la cage a stoppé. Nous sommes arrivés.

Un peu hésitant, j'ouvre la porte de notre prison ; mais, avec d'infinies précautions, car il ne faudrait pas se tromper et tomber de soixante-huit mètres de haut dans l'ouverture béante !

Mais non, c'est une plate-forme, d'où part une échelle de fer. Les quelques échelons sont franchis, et, soulevant une trappe, nous arrivons à l'observatoire d'artillerie. Là, un maréchal des logis nous reçoit. Avec une parfaite déférence, il nous fait les honneurs de son salon.

Figurez-vous une petite loggia en bois, tendue de toile écrue, et dont le toit est en planches.

Tout autour, sont de petits guichets, avec les noms des secteurs que l'on découvre : on se croirait positivement dans un panorama.

Montant sur un banc, le sous-officier m'ouvre d'abord le guichet du L...

Je pousse une exclamation, un cri d'admiration : quel spectacle !...

A nos pieds, au milieu des prés verdoyants et des arbres en fleurs, serpentent de petites lignes blanches qui zigzaguent : ce sont nos tranchées et à quelques mètres en avant, ce sont les tranchées boches.

Comme un parfait cicerone, le maréchal des logis de service m'explique :

« — Devant vous, c'est la « Merdouillerie » ; à gauche, la

route de W... ; plus à gauche encore, voyez : ce sont les fameuses carrières sur lesquelles nous tirons sans cesse. Un prisonnier, fait récemment, nous a dit que ces carrières étaient merveilleusement aménagées, avec salons, salles à manger et chambres à coucher et que le colonel qui y habitait avait comme maîtresse une Française de W... »

A nos pieds, le panorama était vraiment passionnant ; car, mieux que nulle part ailleurs, nous nous rendions compte de notre ligne défensive de tranchées et de celle des Allemands.

Nous pouvions voir nos petits postes et les leurs ; aucun détail ne nous échappait.

Le guichet du L... fut fermé et on nous ouvrit successivement les huit guichets.

Chaque fois, j'eus peine à retenir mon admiration pour la beauté du paysage et aussi pour la hardiesse des officiers d'artillerie qui osèrent créer une pareille installation, si précieuse pour la justesse de notre tir.

Lorsque tous les guichets eurent été ouverts, les uns après les autres et que nous fûmes rassasiés de ce panorama splendide, il nous fallut quitter ces régions élevées.

La trappe fut relevée, et, par le trou noir, nous reprîmes place dans la cage, qui redescendit assez rapidement, nous déposant au bas de la cheminée, les mains et la figure couvertes de charbon.

Reims. — 27 mai 1915.

LE CHEVALIER AUX FLEURS

Un jour, dans ma compagnie, arriva un jeune lieutenant de hussards versé de la cavalerie dans l'infanterie pour la durée de la guerre.

Silhouette élégante, figure fine, caractère aimable, intelligence remarquable, esprit militaire modèle : on ne saurait s'imaginer type plus caractérisé de l'officier de cavalerie.

Il avait fait, avec son escadron, les débuts de la campagne et avait chargé des cuirassiers allemands ; il avait donc reçu le baptême du feu avec la plus belle crânerie du monde.

Les femmes n'occupaient pas toute sa vie : trois idées planaient sur cet esprit d'élite :

Sa vieille maman, restée là-bas près de Toulouse.

Son régiment avec *son* colonel et *ses* hommes.

Les fleurs...

Oui, les fleurs. Rarement, pour ne pas dire jamais, je n'ai rencontré un officier pareillement amoureux des fleurs.

Au cantonnement, sa chambre était une serre et, dans les tranchées de première ligne, à quelques mètres de l'ennemi, le lieutenant S... avait fait orner son poste de commandement souterrain de gerbes de roses et de fleurs des champs qu'il cueillait sur les parapets des tranchées. Les hommes connaissaient cette passion des fleurs et, chaque matin, les vases étaient remplis d'eau fraîche et les gerbes de coquelicots ou de bluets affluaient.

Les primevères avaient commencé à fleurir la demeure du « Chevalier », puis les sainfoins roses et mauves couvrirent la plaine et, le soir, malgré le sifflement des balles boches qui rasaient le sol, les hommes du lieutenant S... se risquaient hors des tranchées pour faire plaisir à leur officier.

Les mille petites plantes des champs dans lesquelles nichent alouettes et perdrix avaient pour nous, sur la ligne de feu, une tout autre apparence qu'en temps de paix.

Le lieutenant S... comme un amoureux, nous faisait les honneurs de sa serre embaumante du champ de bataille ; nous faisant découvrir, dans les plus modestes fleurs poussant dans la craie des talus, des beautés infinies et insoupçonnées. Ici, un minuscule vase contenait des pensées sauvages aux coloris variés ; là, des touffes sanglantes de coquelicots ; plus loin, des scabieuses retombaient en grappes violettes sur sa table de travail.

Depuis des mois, nous occupions les tranchées et, depuis des mois, le lieutenant S... s'entourait de fleurs.

Même en quittant le cantonnement, à l'heure de la relève, il ne manquait pas d'emporter dans un petit morceau de papier, les roses les plus rares qu'il avait pu se procurer.

Les fleurs ! les fleurs ! symbole de Paix ! cela contrastait étrangement avec la mort qui rôdait autour de nous, depuis plus de dix mois, avec le sang qui arrosait depuis si longtemps le sol de notre chère France !

Tranchée du Linguet, 11 juin 1915.

UNE INSPECTION MOUVEMENTÉE

Ce matin-là, le colonel B..., du X..., visitait mon secteur de l'usine du Linguet, accompagné du commandant C... et du lieutenant C...

Il pouvait être sept heures du matin.

Ma tranchée était très propre et j'éprouvais quelque fierté à la présenter moi-même.

Nous voici au petit poste. Trois hommes sont en train de regarder des Boches qui traversent la route.

« — Ne vous montrez pas, leur dit le colonel, vous allez vous faire repérer... »

Il ne put achever sa phrase : une violente détonation fit trembler la terre à quelques mètres de nous et un éclat d'acier vint en sifflant s'arrêter à mes pieds.

« — Prenez-le ! mon capitaine, me dit C..., il est encore brûlant ! »

Ne voulant pas paraître avoir la frousse, le colonel tint à continuer son inspection.

Nous arrivons à ma première ligne et un second obus éclate à notre droite : c'est un « gros noir », car une épaisse fumée s'élève de terre.

« — Bah ! s'écrie le colonel, continuons quand même ! »

Nous avons serpenté dans de nombreux boyaux, passé devant nos petits postes ; lorsque, en longeant une banquette de tir, une rafale de 150 allemand arrive sur nous. Nous nous jetons à terre instinctivement, essayant de préserver notre figure.

Je conduisais le petit Etat-major, je me trouvais donc en tête ; derrière moi se trouvait le colonel, puis le commandant, puis le lieutenant C...

Nous étions tous aplatis sur le sol ; cela avait duré une seconde et nous nous apprêtions à continuer notre visite, lorsque C..., en voulant se relever, s'écria :

« — Je suis touché ! »

En effet, le deuxième obus avait éclaté au-dessus de notre groupe et un éclat avait labouré la cuisse du lieutenant.. On se précipita, les infirmiers arrivèrent et l'on s'aperçut que la blessure n'était pas grave.

« — Rentrons !... dit le colonel ; nous reviendrons un de ces jours ! »

C'est égal, nous avons eu de la chance ! Car pas un de nous n'aurait dû échapper à la mort.

Tranchée du Linguet. — 18 juin 1915.

QUATRE JOURS AUX TRANCHÉES
DE PREMIÈRE LIGNE

Le soleil a rougi les hauteurs de C... et, dans sa splendeur, s'éteint. Là-bas, dans la plaine, se dessinent en tons de pastel irisés les hautes tours de dentelle de la Cathédrale...

Nous avons fini de dîner et, à la tombée de la nuit, les balles commencent à siffler au-dessus de nous : c'est la chanson de tac-boum. Un « Fritz » bon tireur ne cesse de viser un coin de mur qui est devant nous et les ricochets viennent tomber à nos pieds.

« — Mon capitaine, me dit mon fourrier, voulez-vous émarger pour la patrouille de ce soir ?... »

Un planton vient, en effet, de m'apporter l'ordre de faire, en avant de notre première ligne, une patrouille embuscade.

Il s'agit de s'avancer jusqu'aux réseaux de fils de fer boches ; et là, d'abord d'écouter pour savoir si l'ennemi ne continue pas ses travaux de blockhaus ; ensuite, d'apprécier la profondeur des réseaux ; enfin, de tendre une embuscade pour essayer de faire des prisonniers.

Mon adjudant désigne le sergent B... Celui-ci se présente aussitôt à moi, et reçoit mes instructions :

« Il prendra avec lui dix volontaires, leur faisant laisser dans la tranchée tous leurs papiers (ceci dans le cas où ils seraient faits prisonniers). L'arme sera approvisionnée et la baïonnette mise au canon. La patrouille sortira par la petite porte de la route de W... observera tout le front compris entre la dite route et l'usine de la M... La durée de la patrouille sera de 10 heures du soir à 1 heure du matin ».

*
* *

Le planton de tout à l'heure avait disparu depuis quelques instants dans les boyaux, lorsqu'un maréchal des logis joint les talons devant moi et me salue :

« — Mon capitaine, nous venons pour tirer cette nuit les torpilles aériennes...

« — Par exemple ! Vous tombez bien ! lui dis-je. Alors, comme ça, sans préparation aucune, vous installez votre canon, et « poum » sur les Boches ! Vous savez bien, pourtant, que dès votre première torpille lancée, nous recevrons la réponse sur mes tranchées. Non ! Non !... Mes hommes n'ont pas assez d'abris-cavernes pour les abriter suffisamment. Laissez-moi, du moins, le temps de faire creuser des abris.

« Vous le savez, pourtant, j'ai la responsabilité de mon secteur ; je la prends entière mais, vraiment, je veux être libre chez moi et faire tirer seulement quand je serai prêt.

« J'ai entre les mains la vie de 250 hommes et je trouve que c'est exposer celle-ci inutilement que de faire tirer ainsi sans avoir même été prévenu... Qui a donné cet ordre ?

« — Mon capitaine, c'est le général de brigade !

« — C'est bien !... Vous tirerez ; je n'ai pas à discuter les ordres donnés ; seulement, je vais prévenir le commandant du secteur que je dégage ma responsabilité en cas d'accident dans ma compagnie ! »

Raide, dans son uniforme qui le sangle, le sous-officier fait demi-tour et va choisir son emplacement. Je le suis.

Nous arrivons à ' l'un de mes petits postes avancés.

« — C'est ici, me dit-il ».

*
* *

Me voici dans mon poste de commandement et, par le clair de lune, je vois passer devant moi la corvée des artilleurs qui transportent les torpilles. Ce sont des monstres ; c'est l'engin le plus meurtrier que je connaisse ; c'est une invention sortie de l'enfer.

Il est vrai que nous n'avons fait que copier ici les fameux « Minenwerfer » boches, immenses boules d'acier chargées d'explosif qui montent verticalement puis décrivent une faible trajectoire et tombent perpendiculairement avec un fracas effroyable, pulvérisant tout ce que ces engins rencontrent.

Je me souviendrai toujours de la nuit du 23 février 1915, au Mamelon, où trois hommes de la compagnie de mon camarade H... furent engloutis dans la tranchée par un de ces atroces instruments de mort. J'avais reçu l'ordre de faire creuser trois tombes un peu en arrière et le brave caporal Colbeau, sous une pluie d'obus, avait fait creuser les tombes, lorsque le lieutenant me téléphona :

« — Mon capitaine, allez, c'est inutile !... Les malheureux ont été pulvérisés et engloutis à plus de cinq mètres de profondeur. On a creusé, creusé, et on n'a retrouvé qu'une langue, une dent, et un morceau d'oreille !... »

Voilà, dans toute son horreur, le travail diabolique des « Minenwerfer ». Nos torpilles aériennes ont été créées pour répondre à nos ennemis. Plus gracieuses de forme, avec leurs ailettes sur le côté, elles ont plus de précision que les « Minenwerfer » et font, comme eux, de terribles ravages.

*
* *

Soudain, ma ronde habituelle terminée, je commençais à surveiller dans mon abri, lorsque la terre trembla et je reçus sur la figure des morceaux de craie.

Mon ordonnance, qui dormait non loin de moi, sursauta :

« — Mon capitaine, interrogea-t-il, c'est les nôtres qui tirent ? »

J'allai m'en rendre compte à mon observatoire, juste à temps pour voir jaillir, de notre lance-torpille, une large flamme : le monstre venait de s'élever dans l'air ; je comptais jusqu'à vingt, puis une explosion formidable fit de nouveau trembler la plaine, l'écho portant au loin les roulements affreux et une masse de fumée masqua entièrement le mur de L...

Au même moment, des cris de fureur partirent du point visé !

« — *Cochonnes Françaich !...* capout tous, tous... »

Et mes hommes, qui veillaient aux créneaux, de répondre en riant :

« — Capout, sales Boches !... »

Systématiquement, continua le bombardement des abris de mitrailleuses ennemies. C'était, à en juger par ce que je voyais, un travail sérieux, utile et proprement fait.

Il était alors 21 h. 1/2 et le maréchal des logis vint me rendre compte de la fin de son tir.

« — Je dois tirer de nouveau à 3 heures du matin, me dit-il ! »

« — C'est parfait, lui répondis-je ; mais, attendez la riposte : s'ils ont des « Minenwerfer », gare ! Vous le savez, je vous ai prévenu !... Moi, personnellement, cela m'est indifférent, mon poste de commandement est solide ; mais je crains seulement pour mes hommes que je ne voudrais pas faire tuer bêtement !... »

***

La nuit est de plus en plus noire et la lune s'est couchée...

Dix heures. — Ma patrouille sort sur la ligne ; j'ai fait prévenir les compagnies voisines pour qu'on arrête de tirer tant que mes hommes seront dehors.

En effet, le silence se fait et seuls les « tac-boum » continuent leur chanson monotone.

C'est stupide... Mais, lorsque je sais que mes hommes sont sortis des tranchées, je ne peux pas dormir ; je crains toujours pour eux ; ou qu'ils soient tués, ou qu'ils soient faits prisonniers.

Aussi, pendant la durée de mes patrouilles, j'écris dans mon abri. Au bout d'une heure, je prends mon revolver et ma canne et je vais faire une ronde.

Je frôle les ombres des hommes enroulés dans leurs couvertures et qui, le fusil chargé, surveillent les lignes boches. Je leur jette en passant :

« — Rien de nouveau, les amis ? »

Et eux, à voix basse, de chuchoter :

« — Non, mon capitaine ; tout est calme ce soir ! »

Je passe, regardant moi-même dans la direction de ma patrouille : tout est calme, en effet.

*
* *

1 heure du matin. — Ma patrouille est rentrée sans accident, je respire plus librement ; cette fois, je vais pouvoir me coucher ; je tombe, en effet, de sommeil.

Me voici assoupi, sous ma couverture. Tout à coup, un homme de la 2ᵉ section entre en coup de vent dans mon abri :

« — Mon capitaine ! Mon capitaine !... le lieutenant B... envoie vous dire que des voitures viennent d'arriver à l'instant au L... On entend décharger de la ferraille !... »

En vitesse, je saute hors de mon bas-flanc et je cours au téléphone :

« — Allo ! allo !... Donnez-moi l'artillerie, de suite, de suite... »

La sonnette retentit.

« — Allo ! allo !... c'est l'artillerie ?

« — Oui, le lieutenant L... est à l'appareil.

« — C'est le lieutenant L... ? Le capitaine Thorel vous parle. Voici : On me signale qu'un important convoi de voitures vient d'arriver au L... On décharge de la ferraille sur la route. Voici les coordonnées : X = 99. — Y = 615...

« — Allo !... Bien, je vais faire tirer de suite.

« — Merci !

« — Allo !... Vous me direz s'il faut raccourcir ou allonger.

« — Oui... oui... c'est pressé !... »

Je raccroche précipitamment l'appareil et je laisse les écouteurs à mon téléphoniste.

Me voici à mon observatoire. Soudain, un sifflement suraigu rase la tranchée ; puis, un autre et, là, au point indiqué, se produit une explosion énorme, sèche, vibrante, incomparable, joyeuse ; je crie tout haut un bravo, que calme de suite un de mes officiers :

« — Pas si haut, mon capitaine, on nous entend ! »

Ah ! bien, oui !... Je ne sais si l'on m'a entendu crier

bravo ; mais, ce qui est certain, c'est que toute la ligne a entendu des cris d'effroi là-bas, chez les Boches, tandis que les attelages énervés s'enfuyaient à bride abattue sur la route de W...

« — Les voilà qui foutent le camp » ! me crièrent mes hommes.

« — Ah ! mon cochon !... dit l'un d'eux à un de ses camarades, c'est richement visé ! Vive le 75 !... »

Moi, j'étais de nouveau pendu au téléphone :

« — Allo ! allo !... Parfait, mais ils se sauvent sur la route, allongez le tir, vite, vite ! »

Et, dans l'air, la rafale passe, les explosions répondent, c'est une course à la mort qui vous rend haletant et vous serre le cœur.

Ziii... Baoum !... Z... Baoum !... Ce sont les obus qui passent.

Le tir a cessé ; le silence est revenu, la nuit est maintenant superbe, pleine d'étoiles.

« — Allo !... Vous êtes content ? » me demande le lieutenant de la Porcherie ?

« — Ravi ! C'est merveilleux, merci ! »

« — J'ai fait tirer d'abord les explosifs ; puis, en allongeant le tir, j'ai fait tirer à shrapnells : ils ont dû écoper !

« — On ne pouvait mieux faire pour les cingler ; tous les coups ont porté ! Encore une fois, merci !... »

Oui, merci pour cette arme splendide, le 75 ! Je comprends l'affection que nos fantassins ont pour lui et combien d'entre eux lui doivent la vie ! Aussi, après ce coup de maître, il fallait voir la joie peinte sur tous les visages de mes officiers et de tous les soldats.

Oui ! vive le 75 et vivent nos artilleurs !

Deux heures 1/2 du matin. — Le jour se lève... Je n'ai plus sommeil ; cette nuit a passé si vite, avec toutes ses alertes successives que, ma foi, je me passe une serviette mouillée sur la figure, je me brosse un peu et que me voici de nouveau à courir dans les boyaux.

Le jour est venu et vers moi s'avance déjà le colonel B..., du 34e, chef matinal par excellence...

« — Ah ! Bonjour, Thorel, me dit-il... Eh ! bien, on a fait du beau travail chez vous, cette nuit ?

« — Mon Dieu, oui, mon colonel ; pas trop mal, en effet : il fallait entendre les chevaux détaler à toute allure ! C'était la course à l'abîme... »

Tout en causant, nous passions dans de nombreux boyaux. Le colonel approuve, donne des ordres, que je note aussitôt. Cette inspection me conduit au milieu de la matinée. Vers onze heures, les ordonnances commencent à préparer notre déjeuner.

A 11 heures 1/2, je retrouve mes quatre lieutenants D..., S..., B... et H..., autour d'une table improvisée, où le grand air nous fait trouver tous les plats exquis.

On mange, on rit, on parle des événements de la nuit ; il est défendu, par exemple, de parler service. Après le café seulement, on aborde cette question :

« — Voyons, D... pour le travail que vous avez à faire cette nuit, devant vos tranchées, combien avez-vous besoin de rouleaux de fils de fer barbelé ?...

« — Pour compléter mon réseau, j'aurai besoin de 4 rouleaux et de 50 piquets !... »

J'appelle mon fourrier :

« — D... ! Notez donc, sur la demande de matériel, 1re section : 4 rouleaux et 50 piquets...

« — Et vous, S... que vous faut-il ?

« — Mon capitaine, nous fauchons l'herbe devant les créneaux ; j'ai assez de serpettes et de faux pour ce travail...

« — Et B... ?

« — Mon capitaine, cette nuit, j'ai à creuser un poste d'écoute ; je prendrai les pelles et pioches disponibles...

« — H..., je crois que vous aurez besoin de tôles ondulées et de planches pour terminer votre abri ?...

« — En effet, mon capitaine ; seulement, je n'ai pas d'hommes pour faire cette corvée et je crois que les territoriaux de la troisième ligne pourraient nous apporter ces matériaux... »

Mon fourrier note mes ordres... La ruche travaille de nouveau ; je surveille tout ce petit monde qui s'agite entre des talus de terre, à quelques mètres des Boches.

Les corvées d'eau et de soupe, passent devant moi. Mes officiers ont rejoint leur poste et me voici installé jusqu'au soir devant ma table.

Je signe des pièces à n'en plus finir. Quelle paperasserie ! Dix fois pire qu'en temps de paix : c'est un agent de liaison, qui m'apporte des plis de décision ; c'est le sergent-major, qui me présente le cahier d'ordonnance... Je lis, j'ordonne, je reçois des explications et j'en demande ; je signe, je signe, tout l'après-midi...

On m'apporte mon courrier. En hâte, je place une lettre dans ma vareuse. Lire ma correspondance !... Mais, je n'en ai pas le temps ; ce sera pour cette nuit.

Les ordonnances préparent maintenant le dîner... Quoi ? Déjà 6 heures ! Non, je me trompe : 18 heures !

Mes officiers sont revenus :

« — Mettez-vous à table sans moi, je vous en prie, leur dis-je ; j'ai encore un abri à aller visiter, et je reviens !... »

Enfin, je peux me reposer un peu la tête et manger !

Les rires recommencent avec les charmants officiers que j'ai à la compagnie :

C'est D..., qui raconte une de ces histoires... pas du tout de sacristie, je vous assure !... C'est S..., le cavalier, qui lance une pointe contre l'infanterie, pourtant la reine des batailles... C'est B..., le colombophile, qui projette de descendre des pigeons-voyageurs boches qui, chaque jour, passent au-dessus de nous... C'est H..., le second « Pontife » — le lieutenant H... étant le premier — qui annonce de sensationnelles nouvelles.

Et les minutes passent délicieusement. Instant trop court, hélas ! Car, de nouveau, le soleil resplendit à son heure dernière, embrasant la plaine et dorant les hautes tours de la Cathédrale. Le paysage de féerie s'estompe, très pâle... Mes officiers me quittent pour reprendre leurs sections et, tandis que les hommes qui ont dormi pendant le jour prennent aux créneaux leur poste de combat, je regagne mon poste de commandement, brisé de fatigue, mais heureux de commander à de si braves gens qui porteront plus tard avec fierté ce titre de « Défenseurs de Reims. »

Là-haut, dans les nuées mordorées, une abeille bourdonne.

« — Un aéro !... crient mes hommes.

« — C'est un Français ! dit l'un d'eux.

« — Non ! C'est un Boche ! réplique un autre, puisque c'est les nôtres qui tirent dessus !

« — T'en fais pas !... dit un troisième. Nous ! nous allons nous faire repérer ! »

En effet, l'aéro — qui est boche en réalité — a lancé une fusée-signal ; et, aussitôt, le fort de Brimont arrose la tranchée du 29°, qui est à notre droite. Nos 75 alors, reportent leur feu sur l'avion, qui file à tire-d'aile vers ses lignes.

★
★ ★

Le soleil est maintenant couché et la chanson des balles recommence. Au loin, une mitrailleuse crépite et, à notre gauche, vers B... ou B..., le canon ne cesse de gronder. C'est lugubre. La nuit est sans lune, ce soir, et de gros nuages passent chargés d'encre.

Dans ma ronde, je recommande à mes hommes d'ouvrir l'œil ; car, par cette obscurité, une attaque est toujours à craindre.

Enfin, je rentre dans mon poste et je m'étends sur ma couchette, bercé par les « tac-boum » et par les ronflements de mes agents de liaison ; qui, eux seuls de mes chers poilus, ont le droit de se reposer pendant la nuit.

Quant à moi, je suis toujours sur le qui-vive, prêt à bondir au téléphone ou aux banquettes de tir.

★
★ ★

Et voilà quelle a été ma vie, pendant quatre jours, aux tranchées de première ligne !...

Reims. — 19 juillet 1915, 3 heures du matin.

MAURICE LAMORT

Nom de roman ? Non ! Maurice Lamort existe, je l'ai vu ! J'ai reçu sa visite le 24 août 1915 à Reims.

Je ne connaissais pas ce jeune homme. Mon ordonnance m'annonça seulement :

« — C'est quelqu'un qui dévisse les obus ! Il vient de la part du docteur ! »

Je vis entrer un grand garçon, élancé, figure franche et jeune :

« — C'est vous qui dévissez les obus ?... » lui demandai-je.

« — Oui, mon capitaine ; j'ai dévissé tous ceux des collectionneurs de Reims. »

Il m'apprit alors qu'il avait vendu à M. C... une magnifique bombe d'aéro, qu'il avait été chercher en haut d'une des tours de la cathédrale, un immense 210 et que c'était lui qui travaillait pour M. L... et pour M. H... M. L... est l'homme qui possède certainement la plus belle collection d'obus tombés à Reims.

Ce mot « travailler » est charmant, quand on songe que les artilleurs eux-mêmes, se méfient des engins boches — ceci avec raison d'ailleurs — et qu'ils n'osent pas vider ces redoutables obus ennemis.

Maurice Lamort, lui, a osé une première fois et, acquérant peu à peu une pratique, peut-être unique, il s'enorgueillit d'avoir dévissé tous les calibres d'obus, depuis le 77 allemand jusqu'au 210, en passant par le 105, le 155 et même le 130 autrichien.

C'est un héros à sa façon, ce jeune Français. Oh ! certes, il gagne ainsi largement sa vie, mais ne frôle-t-il pas aussi à chaque instant la Mort ?

J'hésitais à lui demander de me procurer des « souvenirs de la guerre » car vraiment cela serait navrant d'avoir été la cause involontaire d'un accident et quel accident : la tête enlevée, les bras arrachés !...

« — Bah !.. me répondit en riant ce grand enfant ; on ne meurt qu'une fois ! J'ai seize ans, j'ai voulu m'engager, on me dit d'attendre mes dix-sept ans, alors je m'occupe !... Tenez, mon capitaine, au Château de Vrigny, je connais deux *210* et un *130 ;* dans le canal, je sais où se trouvent deux bombes d'aéros ; je vais draguer cette après-midi et je reviendrai vous voir ce soir, j'espère vous apporter quelque chose d'intéressant pour votre collection.

« — Non !... je vous en prie, c'est trop risqué ! si... »

Et, dans un sourire, cet adolescent disparut...

Quelle jolie figure de jeune Français que ce « dévisseur d'obus ! » Et comme l'autorité militaire aurait bien fait de l'incorporer de suite : son sang-froid, son courage et son entrain auraient rendu de signalés services.

Au lieu de cela, Maurice Lamort parcourt les rues, les campagnes, grimpe parmi les ruines, à la recherche du précieux projectile.

Il est là, à l'affût, tel un chasseur : il soulève les poutres calcinées, trébuche dans les décombres et n'est heureux que lorsque la fusée d'un obus apparaît.

Je vois d'ici la moue qu'il fait lorsqu'il s'aperçoit que ce n'est qu'un 105 ou une bombe incendiaire, objets communs ; mais aussi, quel triomphe lorsque le métal rare resplendit et qu'il tient enfin sa proie !

Ce n'est pas *l'or du Rhin*, mais c'est l'obus de Berlin qui, religieusement, est soupesé, transporté à l'écart par ces mains habiles ; puis, dévissé, astiqué et qui sera offert ensuite à l'admiration mêlée de haine de nos enfants, lorsque plus tard, quand les barbares seront écrasés, leurs yeux se poseront d'abord sur ce monstre d'acier, puis sur les tours écorchées de l'immortelle cathédrale de Reims, et que leur cerveau pensera : « Ceci a tué cela ! »

24 août 1915.

L'INFIRMIER QUI ATTEND UN CLIENT

C'était le 25 août 1915, dans Reims.

Vers six heures du soir, nos 155 long et nos 75 faisaient un feu d'enfer sur les tranchées boches pour détruire un fortin ennemi.

Bien entendu, la réponse ne se fit pas attendre longtemps et toute l'artillerie allemande se mit à tonner aussitôt.

Quel effroyable roulement, martelé par des éclatements sonores qui faisaient retomber sur nous des gerbes d'éclats !

L'air devenait presque irrespirable, tant il sentait la poudre.

Tous les habitants se terraient dans les caves. Les troupes étaient aussi mises à l'abri. Seul, un soldat se promenait dans les rues, la cigarette à la bouche.

Le lieutenant B... qui, précipitamment, rentrait à notre cantonnement trouva cet homme.

Et l'infirmier D... — c'est de lui qu'il s'agit — fit cette simple réponse :

« — Mon lieutenant, comme les habitants de Reims n'ont pas été prévenus de ce tir de notre artillerie et que les obus boches peuvent faire de nombreux blessés dans les rues, je reste là, avec ma pharmacie au côté, pour porter secours en cas d'accident. Vous le voyez, ajouta-t-il en riant, j'attends un client !... »

Sans forfanterie, D... s'était rendu compte qu'il pouvait y avoir des blessés ; il avait même — m'a-t-il confié après — entendu crier près d'une de nos batteries en action et, vite, il avait pris ses paquets de pansement pour porter secours.

Là, sous les obus qui tombaient près de lui, parmi les

shrapnells, ou les gros tourbillons de fumée des gros explosifs, D... ne bronchait pas, il attendait « le client ! »

Or, cet infirmier n'est autre que Maître D..., notaire à Lille.

Modeste, il ne voulut pas être nommé officier, ce qui lui aurait pourtant été facile. Il fut infirmier.

D'une belle crânerie, il ne se plaît que dans les tranchées de première ligne ; car là, dit-il, « on peut faire quelquechose. » (Lisez : on peut rendre service aux camarades blessés).

Y a-t-il un abri à creuser, D... est toujours là : il manie la pelle et la pioche aussi bien que la procédure du notaire. En manches de chemise, regardez-le en plein midi, scier d'énormes madriers, puis les porter sur ses larges épaules.

Il est tout entier dans ce qu'il entreprend et son abri médical de l'usine du Linguet restera le modèle du genre. Espérons qu'après la guerre on le respectera.

Celui-ci fut creusé en sape, puis fut boisé ; il fallut aller chercher des poutres, puis de la ferraille pour faire un lit d'éclatement pour les projectiles. Il fallut y installer des couchettes pour les blessés, y creuser des couloirs pour le passage des brancards.

Ce fut un travail considérable, dont D... fut l'âme ; toujours présent, même les jours de repos au cantonnement, ce soldat dirigea la construction de l'abri en donnant le plus bel exemple à ses camarades et les aidant de sa personne.

« Maître D... » se souvient, de temps à autre qu'il est notaire ; lorsque, par exemple, de braves poilus sont embarrassés pour des questions d'intérêt, de successions, etc...

A tous, il donne de précieux conseils avec son habituelle bonhomie.

« Maître D... » a été collectionneur d'obus et — à part Maurice Lamort — je ne connais personne d'aussi capable pour le dévissage des projectiles. Cela lui servit, d'ailleurs, un jour : un soldat imbécile ayant ramassé à l'usine du Linguet un énorme 105 allemand non éclaté, D... arriva juste à temps pour lui sauver la vie, car le soldat avait déjà en main un marteau pour frapper sur la fusée.

Une seconde de plus et presque toute la compagnie pouvait être anéantie.

« Maître D... » est aussi photographe émérite et ses clichés resteront de précieux documents pour l'avenir.

Qu'il m'excuse, mon cher infirmier, de vanter ainsi ses talents ! Mais c'est un « type » original, que ce notaire, momentanément soldat... Et, si je crois de mon devoir de le mettre en pleine lumière, c'est que j'ai pour lui une sincère admiration, parce qu'il est avant tout un homme de devoir, toujours prêt à rendre service, et parce qu'il reste modeste, lui qui aurait si bien pu être vaniteux.

Par sa conduite modèle, il a su mériter l'estime profonde de tous ses chefs et l'affection de ses camarades. Et sous un fin sourire, estompé par l'ombre de ses lorgnons, il cache une grande âme française « l'infirmier qui attend un client. »

Reims, 25 août 1915.

L'IMPRUDENCE

Nous sortions de mon poste, mes officiers et moi. Il pouvait être trois heures de l'après-midi : une explosion, bien en arrière de nos lignes, nous fit sursauter.

« — Tiens ! dis-je au lieutenant B..., c'est probablement un tir de grenades ! »

Nous avions oublié cet incident, lorsqu'un mitrailleur accourut, affolé :

« — Mon capitaine, me dit-il haletant, Loiseau est blessé là-bas, dans le boyau Mazel : il a voulu dévisser un obus de 105 et il est presque mort ! »

Vite, j'appelle mes infirmiers D... et S... et, suivi du lieutenant B..., nous prenons le pas gymnastique dans le boyau en question.

Nous passons la deuxième ligne : personne ! En troisième ligne enfin, un territorial nous dit que « c'est plus bas ».

Un gémissement nous indique, en effet, l'endroit. Et nous voici devant un corps qui sursaute et qui baigne dans une mare de sang...

Ducamp et Solon saisissent leur trousse et à l'aide de ciseaux taillent la capote : une loque rouge !

Un coup d'œil, que me lancent ces dévoués infirmiers, me fait comprendre la gravité de l'état.

« — Oh ! ma tête... soupire le pauvre diable... Me voilà estropié... Oh ! prévenez mon frère, mon... »

Et sa tête retombe, tandis que ses bras s'agitent.

« — Mais ce n'est rien, mon vieux !... répond Ducamp ; tu as de la chance, va ! »

Et, toujours coupant drap et linge, Ducamp murmure :

« — Un éclat au cou... ce n'est rien ! Ah !... voyons le pied. »

Et, comme la chaussette ensanglantée apparaît et que la moitié du pied est enlevée, Ducamp répond toujours :

« — Ce n'est rien ! »

Quel calme, quel sang-froid chez ce brave garçon !

Nous continuons la besogne ; moi, ouvrant les paquets de pansement et versant de l'eau de mélisse sur du sucre, Solon soutenant les membres hachés et Ducamp opérant.

Nous piétinons dans le sang : c'était rouge partout !

Bientôt arriva le docteur R..., suivi de son équipe de brancardiers, parmi lesquels l'abbé B..., « un brave et digne garçon », comme le dénommait le commandant A...

On posa le corps de Loiseau sur le brancard et, péniblement, au milieu des cris du blessé, le cortège s'enfonça dans les boyaux.

Par malheur, le brancard était trop large et coinçait dans la tranchée. On fut donc obligé de porter celui-ci à bras levés et c'est miracle si les Boches n'arrosèrent pas cette procession de la souffrance, car les obus sifflaient sans relâche au-dessus de nos têtes.

**

Le soir, je fis prendre des nouvelles du blessé :

« — Mon capitaine, me dit-on, Loiseau aura la vie sauve, malgré ses innombrables plaies ; mais, vous, vous l'avez échappé belle !...

« — ?...

« — Dans la poche de sa capote, nous avons trouvé une fusée d'obus non éclatée... Voyez-vous, ajouta-t-il, qu'en voulant sauver mon camarade, vous vous soyez fait sauter !... »

Tranchée de l'usine du Linguet. — 29 août 1915.

LA CHASSE DANS LA NUIT

Tout dormait dans les tranchées du Linguet. Seules, les sentinelles inspectaient la plaine toute blanche sous le clair de lune : rien ne remuait...

Soudain, une chanson troubla l'atmosphère.

« — Le voilà ! Le voilà !... »

Je saute de mon bas-flanc et me voici dehors...

Parmi les innombrables étoiles passait un fantôme : le dirigeable *Alsace* marchait au feu !

Il chantait plus fort en entrant dans les lignes allemandes ; mais, bientôt, une gerbe d'éclatements l'entoura avec de sourdes détonations.

Ils avaient découvert l'aéronat.

De Reims jusqu'à Berry-au-Bac un cortège d'obus le suivit, lui faisant une marche triomphale dans l'azur.

Lui, impassible chantait toujours... Le voici au-dessus du fort de Brimont.

Oh ! quelle rafale ! Je fermai les yeux...

Sans se soucier de la mort qui rôdait, l'*Alsace* filait toujours plus loin vers le but de sa mission ; puis, on n'entendit plus qu'une explosion formidable, là-bas, là-bas... *Ils* l'ont atteint, pensions-nous, car plus de deux mille obus boches l'avaient encerclé depuis Reims...

Mais non, une heure après notre héroïque dirigeable repassait au-dessus de nos têtes. L'explosion n'était autre que la mission remplie. Déjà, l'avant-veille, il avait bombardé Amagne-Lucquy.

Avec majesté, le long cigare d'argent revenait à son poste : avec quelle joie tous nos poilus le saluèrent à son passage, mais aussi avec quelle anxiété ! Car les étoiles de la mort l'encerclaient de plus en plus ; toutes les batteries ennemies étaient en action ; on sentait que l'ordre avait été donné d'abattre, coûte que coûte, l'aéronat français. Le ciel était en feu autour de cette forme blanche qui, malgré tout, chantait encore... Les batteries du Poisson-Vert, voulurent le mordre au flanc, et, rageusement, elles lancèrent à sa poursuite leurs dents de feu. Puis, ce fut le fort de Nogent qui le cingla ; mais, lui, le défiant, semblait invulnérable : à peine obliqua-t-il légèrement à droite et, sans se soucier des blessures, l'*Alsace* rentrait à son port d'attache.

Nous le suivîmes longtemps au-dessus de la Butte de tir, au-dessus de la Pompelle, puis, la chanson s'affaiblit peu à peu... Très doucement, l'*Alsace* chanta encore, puis s'évapora dans la nuit...

Les « braves gens » étaient passés !

Nuit du 22 au 23 septembre 1915.

ALERTE !

16 heures 30 viennent de sonner à Saint-Rémi... Soudain, à droite de la Butte de tir, un crépitement intense nous fait dresser l'oreille : un tir de barrage se déclanche. Une attaque boche !...

Vite, les rues de Reims se remplissent de monde. Chacun sort, écoute. Les commères bavardent, l'oreille tendue vers la direction indiquée :

« — C'est sur la Butte de tir !... » dit l'une.

« — Non !... répond un gamin. C'est sur la Pompelle ! »

Les cantonnements sont alertés ; les officiers bouclent leurs ceinturons en courant vers leurs compagnies.

L'attaque augmente. Voici les mitrailleuses qui donnent ! A peine suis-je arrivé dans mon cantonnement que mon chef de bataillon me donne l'ordre d'occuper notre emplacement d'alerte.

La nuit tombe. Nous partons, moi en tête, la canne à la main. Les obus sifflent au-dessus de nous : qu'importe, il faut avancer ! Nous sommes hors de la ville, dans la campagne. Le ciel rougeoie. Nous prenons le boyau qui longe la route de Ch..., à côté du Parc des X... En file indienne, nous marchons à vive allure ; car, loin de se calmer, la fusillade augmente. Nos grosses pièces viennent appuyer celles du front attaqué.

Me voici au téléphone :

« — Allo ! allo !... Nous sommes arrivés.

« — Bien !... Attendez des ordres, préparez les sachets contre les gaz, car les Boches envoient des nappes de chlore. »

En effet, un nuage verdâtre apparaît à notre droite, tandis que des fusées-signaux montent dans le ciel et s'épanouissent en grappes blanches, rouges ou vertes.

« — Quel feu d'artifice !... murmure un de mes poilus... Au pont de Grenelle, je n'ai rien vu d'aussi *bath*, le soir du 14 juillet ! »

De fait, le spectacle est impressionnant. Nous le contemplons, anxieux, pendant une heure ; puis, la canonnade diminue d'intensité. Est-ce le calme ?

Je vais visiter mes sections blotties dans les tranchées : tout le monde veille, l'arme chargée, les tampons et lunettes contre les gaz, pendus au cou.

Tout à coup, presque devant nous, le crépitement reprend de plus belle ; alors, nos 75, au son de tambourin, rugissent : c'est infernal ! Des rafales passent ; nos 150 se joignent au concert, nos gros canons de l'arrière chantent aussi... C'est magnifique !

Hélas ! la ville reçoit, en réponse, une pluie de feu.

« — Regardez, regardez !... mon capitaine : ils lancent des bombes incendiaires ! »

J'ai à peine le temps de jurer vertement qu'une gerbe de flammes éclate, immense, dans le quartier de D. L.

« — Les cochons ! ils incendient notre cantonnement !

« — Non, c'est près du canal !

« — Jamais de la vie ! C'est rue de V..., près de la cathédrale ! »

Le ciel a rougi ; c'est maintenant une nappe de feu qui, en torrent, monte, monte dans la nuit !...

On devine la joie des barbares qui, de leurs lignes, contemplent leur œuvre. Et, comme s'ils en étaient satisfaits, voici que peu à peu, l'attaque cesse, lentement, par saccades...

Il est 21 heures lorsque nous recevons l'ordre de rejoindre nos cantonnements.

20 octobre 1915.

* * *

Le soleil paraît. La rue s'anime, les ménagères vont aux provisions, les enfants jouent dans la rue.

« — Le *Matin* !... L'*Echo de Paris* !... Le *Journal* !... Le *Petit Parisien* !... Le *Petit Journal* !... »

C'est le marchand de journaux.

Des soldats en corvée passent sous mes fenêtres. Des voitures des quatre-saisons stationnent.

« — Haricots d'automne !... » crie une vieille estropiée.

C'est la vie nouvelle qui reprend. Mais, hier soir ?... L'alerte ? Ici, personne ne s'émotionne. On est descendu « en cave », hier, c'est entendu ; on a laissé siffler les obus, et puis après ?...

On ne s'attarde pas à cela à Reims. Chaque jour, la vie troublée reprend. Ecoutez ces nuées de gamins de Poulbot, qui jouent au soldat dans les rues : quels rires joyeux, quelle insouciance du danger !...

Pourtant, la Mort les frôle souvent. Qu'importe !... Lorsqu'un obus éclate, cette nuée s'abat sur le panache de fumée de l'explosif encore bouillant :

« — Tiens !... crie un gosse, voilà la fusée : c'est un 105 ! »

Toute la race française est dans cette scène à laquelle j'assiste presque quotidiennement.

On vit sous les obus ; on s'y habitue, comme on vivait naguère sous la Terreur...

Plus tard, quand on lira l'histoire de Reims et de ses habitants, on trouvera sublime cette mentalité spéciale qui incarne l'âme de notre race, faite d'insouciance, de force de caractère, d'esprit de devoir et de sublime héroïsme !...

21 octobre 1915.

ILS MINENT !

Le lieutenant S... entre en coup de vent dans mon poste de commandement.

« — Mon capitaine... Maintenant, j'en suis sûr, *ils* minent !...

« — Ils minent ?

« — Oui, reprit-il, au poste d'écoute 22, je les ai entendus très nettement frapper sous terre et Vérez, le mineur m'affirme qu'ils sont déjà à 8 mètres sous notre petit poste !

« — Mais alors, il faut de suite faire une contre-mine, sans perdre un instant !... C'est bien, je vais prévenir le commandant et j'irai moi-même écouter ».

Un coup de téléphone et, une heure après, un sergent du génie arrive portant sous le bras une petite boîte :

« — Alors, mon capitaine, me dit-il d'un air sceptique, on minerait sous un de nos petits postes ?...

« — Tenez, allons-y donc ensemble, nous verrons bien ! »

Et nous voici partis, par des boyaux boueux, circulant dans ce véritable labyrinthe : enfin, nous atteignons la première ligne ; nous longeons d'interminables tranchées de tir, occupées de place en place par des veilleurs, et nous arrivons à l'endroit indiqué.

Un escalier à descendre dans la craie. Nous écartons des chevaux de frise, placés là en cas de repli, et nous longeons sous terre un tunnel qui s'enfonce sous nos réseaux, tunnel fait par les Boches quand ils occupaient ces tranchées.

Nous marchons presque à quatre pattes, tant il y a peu de hauteur. Après cinq minutes de marche rampante, le tunnel s'arrête brusquement et se termine par deux trous à l'air libre : c'est là !

A voix basse, je donne des explications au sergent qui, dans sa moustache naissante, sourit toujours sceptique...

Sans un mot, il ouvre sa boîte, en tire deux sortes de tambourins rattachés à un écouteur par des tuyaux de caoutchouc : c'est un microphone.

« — Mon capitaine, me dit-il, ne faisons plus de bruit ! »
Je retiens ma respiration, haletant.
Lui, le sergent, il s'est mis à genoux, s'introduisant les écouteurs dans les oreilles.
Je regarde sa figure.
Peu à peu, sa physionomie change, ses muscles se tendent : il pâlit.

« — Vous avez raison, mon capitaine, *ils* travaillent.
« — Mais où ?
« — Oh ! c'est difficile à dire ; en tout cas, c'est sûrement dans la direction de droite.
« — Comment voyez-vous cela ?
« — C'est simple : j'ai deux écouteurs. Je place l'un à droite et l'autre à gauche. Si j'entends le bruit plus fort à droite qu'à gauche, j'en déduis que le travail est à droite. Après plusieurs expériences, on arrive à déterminer la direction exacte. Quant à la profondeur, c'est différent !...
« — Mais, insistai-je, est-ce une mine ?
« — Une mine ?... peut-être ! Ce qui est curieux, c'est que l'on entend comme des coups sur des piquets...
« — Ce qui est certain..., observe le lieutenant S..., arrivé sur ces entrefaites, c'est que, dès que l'on marche ici, le travail s'arrête. Ils ont donc, eux aussi, des microphones ? »

J'ai placé moi-même l'appareil à mes oreilles et j'ai parfaitement perçu le bruit de coups sourds.

***

Depuis ce jour, une équipe de mineurs veille, jour et nuit.
Nous dormons sur un volcan.
Si le bruit augmente, nous allons commencer une contremine.
Il s'agit, maintenant, d'aller vite et de devancer les Boches, afin de les faire sauter les premiers !

18 novembre 1915.

LES RATS

C'est l'heure mauve, là-bas... La silhouette de la montagne de Reims se profile en tons éteints, grisaille très pâle, émaillée de feuilles rousses, jaune d'or de l'automne : la nuit tombe...

Il fait froid ; à droite, des coups de feu s'échangent dans le bois des Zouaves. Au loin, c'est la canonnade, ronronnement funèbre, éclairée de lueurs de sang. On se bat à Tahure !

Oh ! ces crépitements de mitrailleuses ! Que de pauvres garçons tombent en ce moment...

Soudain, tout se tait, c'est la trêve des tranchées ; malgré le silence, chacun veille. Les petits postes sont occupés et, aux créneaux, des yeux regardent, anxieux, scrutant l'obscurité.

Sortons un peu, avant de prendre quelques instants de repos... Une ombre traverse le boyau : un rat ! Oh ! l'affreuse bête ! Elle est si grosse qu'elle ballotte et ne peut pas courir.

Je regarde dans la plaine : il y a là, à côté de nous, des croix en grand nombre et les rats, en sarabande effrénée, passent et repassent dessus. Voici des tirailleurs et des légionnaires ; ils ont leur chéchia ou leur képi pendu au-dessus d'eux. Une inscription à la craie marque le nom : « Au brave Kauffmann ! »

C'est un héros alsacien tombé là, près de la Pompelle. Ses camarades lui ont tressé des couronnes de lierre et placé, en guise de vases, des obus de 77 allemands.

Un gros éclat d'acier de 150, tout rouillé, est piqué en terre parmi quelques pieds de buis : c'est celui qui le frappa, en juin 1915...

Plus loin, d'autres tombes, d'autres braves, morts pour la Patrie.

Mais, qu'est-ce que cela ?

Un bout de drap rouge apparaît, des boutons de cuivre... Je m'approche : d'ignobles rats ont traversé la sépulture, ils ont déterré le mort !

Les voici qui courent en zigzag, en poussant de petits cris stridents. Cela grouille affreusement... Horreur ! ils emportent, dans la nuit, des os !...

21 novembre 1915.

UNE VISITE AU CHATEAU DE S...

C'est sur la route de Châlons : une grille arrachée, sur laquelle pend une énorme vigne sans feuilles (c'est la fin de l'automne).

Des pans de murs troués, des plâtras, une pièce ravagée où gisent de vieux fauteuils Louis XVI.

Nous enjambons des pierres sculptées, effondrées. Nous avons franchi le corps de garde du vieux château, nous sommes maintenant dans le parc. La mare est gelée, des poules d'eau chantent quand même.

Je veux errer sur ces pelouses désolées, couvertes de givre, jonchées de feuilles mortes couleur de rouille, mais mon compagnon — le lieutenant S... — me fait remarquer que nous sommes vus par les lignes allemandes, à quelque 200 mètres de nous, toutes grises dans la brume de la plaine.

Nous revenons donc sur nos pas : le château est là, béant, éventré par les obus. Plus de portes, plus de fenêtres : seules, parmi ce désastre, de grandes glaces sont restées intactes.

Hélas ! Tous les meubles ont disparu : d'exquis objets rares et précieux, des merveilles, sont brisés.

Sur une cheminée de marbre vert, éclatée en mille morceaux, je remarque un fragment de pendule de style ; un candélabre est tordu ; à terre, nous marchons sur un amoncellement de papier, de lettres.

J'en ramasse une à demi brûlée. Elle est adressée à « Mon cher Monsieur Jacquemon », elle est signée « Docteur Jules

Guyot ». Elle porte la date du 17 novembre 1876 ou 1896. — Quel est le propriétaire de ce délicieux château ? Mystère !

Qui a osé ouvrir tous les coffres contenant les papiers de famille ? Quelles mains ont profané cet intérieur ?

Oh ! comme ils sont à plaindre ceux chez qui la guerre entre ainsi en tourmente, balayant tout sur son passage, lézardant les murs, fauchant les souvenirs les plus intimes, volant toute la vie qui se trouvait là, pour ne laisser en partant que la désolation et la ruine !...

Nous continuons notre visite : par un escalier délabré, qui tient par la force de l'habitude, nous gagnons le premier étage. Une galerie étroite, éclairée par des meurtrières, nous conduit à la haute tour blanche de l'antique castel. Mais là, défense d'approcher, car le fort de Nogent nous regarde. Si une silhouette osait se profiler à cet endroit, c'en serait fait de ce qui reste du château de S... ; les rafales de 150 ou de 210 auraient vite fait de tout anéantir, de tout niveler.

Aussi, toutes ces vieilles choses fanées, lacérées, semblent-elles nous dire : « Par pitié ! épargnez-nous, épargnez ces débris, ne vous montrez pas ! »

Nous nous retirons donc, parcourant des pièces vides, où dorment un vieux képi de fantassin, des baïonnettes émoussées, un débris de fusil Lebel.

On s'est battu chaudement ici : les Boches ont sûrement habité ces chambres, ces salons...

Partout, l'odeur du Boche traîne sous ces meubles cassés, dans ces couloirs déserts, sous ces liasses de lettres que l'ennemi a dû lire en riant...

On s'est battu ici, à S... ; la pauvre église du village dresse encore, à côté, son clocher blessé...

On s'est battu dans ce parc, où de petites croix de bois se dressent, çà et là...

On s'est battu derrière ces murs : Oh ! comme il y a eu du sang dans ce château !...

28 novembre 1915, 14 heures.

LA BOUE

C'est décembre. Les boyaux des tranchées sont pleins de boue : il pleut sans discontinuer depuis six jours.

Des flaques d'eau toute jaune se succèdent sans arrêt et le pied enfonce et glisse dans cette terre argileuse.

Le temps est froid, c'est l'hiver...

Les poilus ont leur peau de bique sur le dos : ils ont fière allure dans ce paysage glacial, avec leur capote bleu ciel, leur chape blanche de fourrure et leur casque bergamote.

On se croirait reporté au temps des armures et, certes, Jehanne aurait enrôlé ces braves sous sa bannière...

La pluie tombe encore et les lignes allemandes restent toujours immobiles : quelle guerre troublante !

Vous restez là des heures, des journées, des mois, à fixer ces sinuosités de terre remuée où se cache l'ennemi. Vous fouillez à la jumelle ces boursouflures de craie, où vous devinez des mitrailleuses : vous ne voyez rien remuer, c'est le silence, c'est le calme absolu et, pourtant, ces terriers abritent des Boches qui, eux aussi, invisibles, nous épient...

Seuls, de minces filets bleus de fumée s'échappant de terre nous révèlent la présence d'êtres humains !

**

Depuis un mois, le paysage a changé : les feuilles d'automne du bois de X... sont tombées et les arbres apparaissent dénudés, dressant à l'horizon leurs grands bras décharnés, comme s'ils nous disaient : « Venez nous délivrer, venez reprendre ces forêts françaises ! » Oui, ils nous appellent, ces vieux arbres de France !...

Devant nous, dans les réseaux de fils de fer, des formes humaines recroquevillées, tordues : ce sont des cadavres de la dernière attaque que l'on n'a pu retirer, tant il y a danger à se hasarder dans ces réseaux : nous sommes à cinquante mètres de l'ennemi !

* * *

Mon inspection est terminée en première ligne. Je reviens à mon poste de commandement, après avoir passé la revue de mes abris de section, de mes caisses à grenades, de mes périscopes.

Mes guetteurs sont à leur poste, le fusil chargé :
« — Rien de nouveau ?
« — Non, mon capitaine ! »
Allons, rentrons maintenant !...

La boue a augmenté, et, par torrents, l'eau jaune coule dans les boyaux...

Dans ce labyrinthe, je ne reconnais plus mon chemin.

Pourtant, par ici, il y a une tombe de soldat du 1er Etranger. Je continue ma route... et je me trouve, après un quart d'heure de chemin, loin, très loin, de mes lignes.

Voyons, cette tombe, où est-elle ?
Je reviens sur mes pas et je ne vois plus rien.
Cependant, ici, un morceau de bois blanc dépasse une épaisse couche de boue.

Oh !... Serait-ce là ?
Avec ma canne, je retire la surface graisseuse qui s'étale à l'entour.

Alors, c'est vrai ?... La pieuvre des tranchées existe donc ?...

Hélas ! oui : le liquide gluant a tout envahi de ses tentacules ; il a enlisé jusqu'aux morts, interdisant même aux vivants jusqu'au souvenir !...

3 décembre 1915.

UNE VISITE A LA FERME D'A...

Ma compagnie occupe la première ligne, à quelques mètres seulement de la célèbre Ferme d'A...

Un de mes camarades — le capitaine F... — y a son poste de commandement.

Me voici donc dans les boyaux, dans le but de lui rendre visite. Je longe des abris de mitrailleuses, des galeries de mine, des petits postes.

Il a plu abondamment toute la nuit : le terrain est détrempé, on enjambe d'énormes flaques d'eau.

De temps en temps, des poilus, la tête enfouie dans leurs peaux de bique, travaillent à reconsolider les tranchées éboulées.

C'est qu'ici, nous sommes sur un champ de bataille fameux et ce morceau de terrain regorge de sang français et allemand. C'est qu'ici, la Division Marocaine se battit férocement ; puis, la Coloniale, puis nos vaillants lignards.

On s'entre-tua comme nulle part ailleurs, dans cette auberge et, un jour, la propriétaire de celle-ci fut trouvée tuée dans son lit par un obus boche, lancé alors que les Allemands s'enfuyaient, éperdus, lors de leur retraite.

Depuis, ils ont repris la ferme : les troupes noires les en ont chassés.

Aujourd'hui, la ferme d'A... est à nous ; mais, qu'en reste-t-il ? C'est lamentable : quelques murs broyés, pantelants, dressant dans le ciel des bras suppliants.

Dans un coin, une charrette est restée, clouée au sol bourbeux, étonnée de ne pas avoir été, elle aussi, pulvérisée par les marmites ou les 210 qui éclatent sur la P..., et les « Minenwerfer » qui explosent avec un bruit de tonnerre. Non, elle est là, intacte, et nos soldats la respectent ; comme ils respectent aussi cet indicateur de la route de Cambrai et de Châlons, sur lequel ils ont piqué une girouette pour savoir si le vent est au gaz ou non. (Nous sommes ici, en effet, dans un secteur connu pour ses attaques aux gaz).

Un poste de commandement s'ouvre devant moi :

« — Tiens !... Vous êtes donc par ici ?... »

C'est le capitaine F..., du Xe d'infanterie, vêtu en poilu, le ruban de la Croix de guerre et celui de la Légion d'honneur épinglés sur la capote bleu pâle.

Avec son amabilité coutumière, il me fait les honneurs de son secteur :

« — Suivez-moi, ne vous montrez pas, courbez-vous, car là on est vu... »

Nous nous arrêtons au bout d'un boyau et un panorama superbe apparaît : Devant nous, les lignes boches en contrebas, au loin la vigie de B..., à droite le fort de N..., à gauche c'est Reims, bombardée elle aussi et meurtrie.

Nous allons aux créneaux : ce ne sont plus les belles batteries de tir du secteur de N... que nous avons connues.

Des sacs à terre sont étagés, tiennent en équilibre, encadrant un bouclier blindé par lequel on tire.

Des fascines de branchages retiennent les terres ; on voit que cette première ligne fut âprement disputée : allemande, puis française, puis allemande et finalement française ! Mais combien de vies coûta cette victoire !

*
* *

Une cartouchière traîne sur le parapet.

« — Oui, me dit le capitaine F..., on en trouve dans ce secteur des quantités ; on trouve aussi des cadavres. Un de mes hommes m'a rapporté trois crânes...

« — Hier, j'ai voulu faire creuser une « feuillée » : on a vu, à cet endroit, un soulier qui émergeait de terre. On en a retiré un fantassin français. Je l'ai fait enterrer convenablement.

« — Mes hommes ont continué à creuser la « feuillée »,

mais vingt cadavres apparurent ! J'ai choisi un autre emplacement !...

« — Et le fameux entonnoir ? demandai-je.

« — C'est par ici ! » me répond mon aimable cicérone, en me conduisant...

Encore des boyaux, de la boue ; puis, tout à coup, un immense cirque de terre blanche, profond d'une douzaine de mètres.

C'est l'entonnoir que les Boches ont fait sauter, il y a quelques mois : ils ont voulu l'occuper aussitôt, mais on ne leur en a pas laissé le temps...

Dans ce secteur, la guerre de mine est active et, si l'ennemi essaye de nous faire sauter à nouveau, nous, nous faisons des contre-mines et des camouflets pour déjouer leur ruse. Jour et nuit, nos soldats du génie écoutent...

Comme j'étais revenu au poste de commandement de mon collègue :

« — Tenez ! me dit-il... Voici un cadeau qui m'a été fait hier par les Boches ! Je vous le donne pour votre collection ! »

C'est un fragment d'un énorme « Minenwerfer », envoyé la veille sur la Ferme !

Mais le soir tombait et, là-bas, le Bois des Zouaves s'estompait, très pâle, dans la brume mauve de décembre. Je longeai encore les grands murs désolés, implorants, de la Ferme d'A...

Les sentinelles se rendaient à leur poste de combat.

Chacun se préparait à veiller, face à l'ennemi : Ici, des vivants défendant ces ruines et, là, des morts innombrables, dormant paisiblement, sans tombe, sans croix, sans nom... héros inconnus, pauvres petits tirailleurs venus d'Afrique, gamins de Paris, côte à côte avec les enfants de Berlin ou de Munich, enveloppés dans le même linceul de poussière !...

7 décembre 1915.

NOËL SOUS LES OBUS

Noël !... Et nous sommes sous les obus, là, à quelque distance de l'ennemi !

Il fait nuit. Je sors ; la bourrasque de la journée a cessé, le vent s'est calmé, il ne pleut plus et les nuages épais, qui couraient devant la lune, se sont dissipés.

Il fait clair maintenant. Les rues du village sont désertes.

Là-bas, le grondement du canon s'est arrêté. Pourtant, il y a peu d'instants, on se tirait dans la tranchée, et le ciel d'encre s'éclairait soudain de lueurs sanglantes.

Il est onze heures et demie du soir ; c'est le calme complet. Une porte s'ouvre et, dans la rue, filtre un rayon de lumière ; des ombres passent...

Bientôt, celles-ci se multiplient et toutes suivent la même direction : où vont-elles ?...

J'arrive devant le perron de la petite église, où une antique madone de pierre sourit dans le lierre. A travers les vitraux délabrés, un chatoiement de couleurs. Je pense : pourvu que les Boches, qui sont au loin, n'aperçoivent pas l'église éclairée ! Ils ont leur carte ; ils pourraient si bien lancer la mort sur cette maison de Dieu... là, quand minuit sonnera. Oh ! non, ils n'oseront pas !...

La porte est poussée et les vieilles voûtes de pierre de l'église abritent d'innombrables soldats, si pâles, si pâles, dans leur tenue horizon...

Ils sont des centaines et, pourtant, on entendrait une mouche voler tant le silence est grand !

Les douze heures de minuit sonnent lentement.

« Minuit, Chrétiens !... » entonne aussitôt une voix fraîche. Alors, soudain, toutes ces poitrines de braves reprennent le refrain, tandis qu'à l'autel, la messe commence : la scène est vraiment belle dans sa simplicité.

Et je songe qu'il y a deux ans, ces mêmes hommes étaient, à pareille époque, en famille : la messe de minuit en Bretagne, en Flandre, en Argonne ; comme c'est loin, ces souvenirs d'antan.

C'était hier, cela : aujourd'hui, c'est la guerre ! Et les parents, les femmes, les enfants ne sont plus là... Aussi, lorsque l'harmonium murmure le joli cantique « Il est né, le divin Enfant », bien des yeux se mouillent, au souvenir fugitif d'autrefois, de la messe de Minuit... en famille !

***

Le colonel est là, dans le chœur, entouré de plusieurs de ses officiers : l'un d'eux chante, l'autre tient l'harmonium, un troisième joue du violon, un prêtre mobilisé dit la messe.

Et tous, devant le Dieu qui naît à Bethléem, implorent la victoire pour la France, et prient pour nos frères d'armes, pour nos prisonniers, pour les pauvres gens des pays envahis, pour nos morts au champ d'honneur.

Il n'y a plus de galons ici, il n'y a que des malheureux qui souffrent et qui demandent au Christ de panser leurs blessures et d'assurer la délivrance de la Patrie !

Et les Boches ont respecté, ce soir, la fête de l'Homme-Dieu. Eux aussi, de leur côté, ils ont chanté leur « Gott »...

Lude. — 25 décembre 1915.

LES ENFANTS SOUS LES OBUS

Dédié à POULBOT.

Quelle exquise collection sera celle des dessins de Poulbot pendant la guerre !

Les attitudes de ces petits ; leurs gestes, leurs réflexions sont reflétés à merveille dans ses croquis : ce sont des chefs-d'œuvre de grâce.

Qui aurait pensé que, pendant cette guerre sans merci, les gosses seraient restés à jouer sous les obus?

Sauvons les enfants !... Tel aurait été le cri du temps de paix pendant une catastrophe.

En guerre, — qui l'eût cru ? — les petits n'ont pas voulu fuir le danger. — Ils sont restés : à Reims, à Soissons, à Arras, à Verdun, à se rire des rafales qui sifflaient sur leurs têtes. Bien mieux ! J'en ai vu qui, dans les rues de Reims, guettaient l'arrivée des 105 boches et qui, aussitôt l'éclatement, se précipitaient comme une nuée de moineaux sur le nuage brûlant de poudre afin de chercher la fusée !

« — Non, c'est à moi !... criait l'un.

« — C'est pas vrai !... répliquait l'autre ; tu en as ramassé une hier ! »

Quelquefois, hélas ! un éclat frappe un de ces petits héros ; alors, sans un cri, il roule à terre et un peu de sang rougit le pavé...

Ils sont insouciants, ces gosses, mais combien épatants de crânerie !

La presse annonce sans cesse des bombardements de Reims : croyez-vous donc que cela empêche nos petits de s'amuser ?

Allons donc ! Passez au bout de la rue de Vesle, au pont, et regardez cette bande joyeuse précédée d'un drapeau tricolore, qui joue aux soldats !

Ils sont là, ces rejetons de dix à douze ans ; ils sont là, sous les allées de tilleuls, et font l'exercice : ils se préparent... déjà !

Leur dialogue est charmant et rien n'est drôle comme de les voir faire, pour se moquer, le « pas de l'oie ! »

Dès qu'un officier passe, le chef des gosses commande « garde à vous ! » et fait le salut militaire. Que de fois ai-je été salué ainsi et il fallait voir la joie de tous lorsque je répondais !

Avec quelle fierté ils restaient immobiles, alignés pendant que ma compagnie défilait : ils tenaient le fusil à la main... qui n'était autre qu'un bâton. Mais, qu'importait la valeur de l'arme, puisque le geste parlait aux yeux, pour dire le respect de l'armée, l'admiration du petit pour les grands, la confiance en eux.

Après tout, pourquoi les officiers ne rendraient-ils pas le salut à ces futurs soldats d'un sou ?

Je les trouve admirables, ces gamins, qui, souvent, nous donnent, à tous, une belle leçon du mépris du danger.

Et nous regardons ce petit monde s'agiter, et rire ! Et tous, nous pensons que ces jeunes Français feront aussi, sans nul doute, plus tard, comme leurs aînés, des hommes sans peur et sans reproche.

Ce sont eux qui, bientôt, « entreront dans la carrière » pour refaire la France plus belle et plus forte.

Ce sont eux, ces gosses de Poulbot, qui sont l'avenir du pays et qui iront prier plus tard sur les tombes de leurs frères et de leurs pères, tombés au champ d'honneur !

Ce sont eux, ces chers petits, les fils de « la Victoire et de la Liberté ! »

Ambulance de Louvois. — 7 mars 1916.

LA FEMME DE FRANCE

Sur le charnier de la guerre, une fleur s'est épanouie : La Femme de France !

Plus belle que toutes les fleurs, parce que son nom est Bonté, elle fut, durant de longs mois le réconfort dans la souffrance, la consolation dans l'agonie.

Nos soldats la connaissent bien : c'est sa fine silhouette qui frappa tout d'abord leur regard, tandis que le brancard pénétrait en cahotant dans l'Hôpital Temporaire.

C'est son sourire, fait de grâce et d'intelligence, qui calma la fièvre du blessé, alors qu'un verre d'orangeade à la main, dans la grande salle aux petits lits tout blancs, l'ombre bienfaisante et toujours vigilante murmurait à l'oreille du malade : « Vous souffrez beaucoup, mon petit : voulez-vous boire ? »

Jamais lasse, toujours sur la brèche, l'infirmière de la Croix-Rouge est la grande consolatrice de la douleur.

Ne vous étonnez pas de voir sa sollicitude envelopper plus particulièrement un soldat : c'est qu'elle sait qu'il est le plus atteint...

Elle sait que, demain matin, à l'aube, on lui donnera le chloroforme et que, là dans la salle immaculée, le chirurgien l'amputera...

Alors, vous comprenez, « elle » l'entoure de soins maternels, pensant à la maman.

Ici, c'est le triomphe du cœur de la femme française.

Mais voici l'heure de la visite : Le médecin-major pousse la porte ; « elle » le suit avec une serviette et de quoi écrire.

Le Docteur va, de lit en lit, ausculte, défait les pansements et dicte ses ordres à l'infirmière qui s'en va. Bientôt, des cris sourds arrivent de la salle d'opération : c'est un crâne qu'on ouvre, ou bien une articulation qu'on désarticule.

« Elle » s'empresse de fermer la porte et vient distraire ses « enfants ».

Au milieu de la douleur, elle est la douce lumière qui apaise.

Et, la nuit venue, les veilleuses allumées, « elle », glissant sur le parquet, s'informe auprès de chacun si rien ne lui manque.

« — Non, Madame ! soupire un blessé... Merci !

« — Bonsoir, mon petit. »

Et voici la mort !

Il est là, sur un lit, seul dans la salle « spéciale », réservée aux moribonds...

La respiration est précipitée, les yeux sont clos ; mais « elle » est entrée et les paupières se soulèvent, car cette blanche apparition adoucit l'adieu à la vie.

Les soins les plus pénibles ne sauraient rebuter ces femmes héroïques ; car, le jour où elles ont revêtu le costume d'infirmière, elles ont renoncé à leur vie mondaine, à leur rang, à leur fortune, à leur bien-être, pour s'auréoler d'un seul titre de gloire : Patrie et Charité !

Hôpital Bayard, à Epernay, 21 mars 1916.

UNE VISITE A GUYNEMER ! [1]

Nous parlions avec Mlle Bonnefons de l'Hôpital Japonais — installé à l'Hôtel Astoria — hôpital dans lequel sont soignés nos blessés.

« — J'y suis infirmière, me dit-elle ; et, si vous avez du plaisir à voir Guynemer, dites-le-moi !... »

Guynemer ?... Ce héros de l'air qui, n'ayant pas vingt ans, abattit 8 avions boches... Quelle joie ! Et, surtout, quelle fierté de serrer la main de ce brave !

Au jour dit, je me présentai donc à l'Astoria. On m'indiqua le nom de son infirmière, Mme de la Perche.

Avec une amabilité charmante, elle me conduisit dans une chambre toute blanche ; où, dans un lit de cuivre, était étendu un tout jeune homme, vêtu d'une chemise bleu pâle, qui faisait ressortir son teint très brun, son visage très maigre, ses grands yeux noirs. Sa physionomie respirait la vie, la jeunesse, la fougue, l'héroïsme.

Comme je lui serrais la main avec émotion, il sourit, modeste, évitant de parler de lui.

Mais un Monsieur à cheveux gris était là, près de lui. Il alla prendre, sur un dossier de chaise, une tunique où luisait sur la manche un galon d'or de sous-lieutenant et où étincelaient, à la place du cœur : une croix de la Légion d'honneur, la Médaille militaire et la Croix de guerre avec six palmes.

« — Il n'y a plus de place, me dit-il, pour accrocher la septième palme !... D'ailleurs, je n'ai jamais de photographie

---

(1) Cet article a été écrit pendant la dernière permission du capitaine R. Thorel.

de Georges qui soit à jour car, entre deux portraits, il a toujours reçu une nouvelle décoration ! »

Ce Monsieur est le père de Guynemer et, lorsqu'il va reposer la tunique, il a les yeux un peu rouges.

Lui, Georges, le héros, ne s'inquiète pas de ses décorations ; il ne songe qu'à une chose : repartir au front, continuer ses exploits.

A cette idée, ses yeux brillent, tout son être s'agite.

Oh ! la vaillante figure de soldat français !...

***

« — Regardez, me dit-il, sur la cheminée : là, cet insigne : c'est un souvenir pris sur un officier d'état-major boche que j'ai tué. »

Il dit cela en souriant et ce mot ne l'effraie pas.

« — Figurez-vous, continue-t-il, que je reçois souvent des morceaux de toile d'aviatiks que j'ai descendus, avec la prière d'y mettre ma signature ; mais, moi, je n'ai guère de « souvenirs »... Pourtant, il y a une mitrailleuse que je voudrais bien ravoir. Je vais la demander au Ministre. »

Et Guynemer me parle de ses vols, de ses poursuites fantastiques... Et cela, comme la chose la plus simple du monde. Il part demain chez ses parents à Compiègne et il me dit sa joie d'avoir pu acheter une petite automobile.

« — Au moins, ajoute son père, Georges restera un peu sur terre... Quand il est en permission, il faut qu'il abatte encore des avions ennemis ! Il est toujours dans les airs et nous ne le voyons plus. »

Mais Mme de la Perche est entrée :

« — Allons, mon petit !... Et cette joue ? »

Guynemer a une légère blessure à la face et les docteurs japonais l'ont déjà opéré ; mais il y avait de l'enflure et l'infirmière, dévouée s'en inquiète.

« — Ça va mieux, mon petit !... Je suis contente, ça ne sera rien ! »

Mais il faut que je parte, car l'heure de la visite est venue.

Je voudrais dire à Guynemer tout ce que je ressens de fierté d'avoir pu causer avec lui, lui crier mon admiration pour ce qu'il a fait pour son pays. Mais, à voir cet adolescent, si timide et si simple, je ne trouve pas le mot qu'il faudrait ; et, silencieusement, je presse sa main, avec hésitation, avec respect.

Par la fenêtre de sa chambre d'hôpital, j'aperçois l'Arc de Triomphe tout ensoleillé, tout plein de gloire : il semble refléter quelques-uns de ses rayons sur ce splendide fils de France !...

Paris, 12 avril 1916.

LE BOCHE

Le 27 avril 1916, mon ordonnance me réveille dans mon poste de commandement :

« — Mon capitaine, me dit-il, une patrouille de la 21ᵉ a tué un Boche cette nuit. C'est un sous-officier.

« — Avez-vous des détails ?

« — Non, mon capitaine. Il paraît que nos hommes étaient dans la nouvelle tranchée, en avant de nos réseaux. Tout à coup, ils ont entendu marcher. Au cri de « Halte-là ! » on a répondu « Mackensen ». Une deuxième fois, le sergent Marchand de la 21ᵉ a crié : « Halte-là ! » et, comme l'autre répondait encore « Mackensen », il a tiré.

« Le Boche est tombé, sa patrouille s'est enfuie.

« Alors, on a été chercher le corps ; il avait reçu la balle en pleine poitrine... »

*
* *

Bientôt, dans les boyaux, on ne parle que du Boche. J'apprends que le corps est à la Butte de tir.

La curiosité me pousse alors à aller le voir.

Un groupe d'hommes, d'officiers, entoure quelques tombes surmontées d'une croix.

Une fosse est béante, un poilu achève de la creuser.

« — Fais-la profonde, lui dit un camarade, car avec les chaleurs qui viennent, il ne faut pas que ça pue comme pour l'autre d'il y a un mois ! »

Et là, une chose grise est étendue à terre.

Deux gros souliers à clous sortent d'un uniforme vert que deux jambières de cuir serrent au mollet. Tout cela est rigide et glacé.

Une flaque rouge, du sang partout... La tête est cachée par une couverture.

Un soldat la soulève et une face livide apparaît, avec des yeux fixes, avec des dents étincelantes, avec une bouche ouverte par l'agonie...

C'est donc ça, « le Boche » ?

C'est donc ça, ce sous-officier ennemi qui venait de Serbie, avait combattu en héros dans les cols italiens et avait reçu la décoration du Mérite militaire ?

J'ai lu son carnet de route, sur lequel il notait jour par jour son existence.

Cette lecture est angoissante, car on sent la vie débordante de ce gradé boche ; vie qui, brusquement, s'arrête à cette date du 26 avril.

Le 23, le 24, le 25 tout est noté ; et puis, tout à coup, la patrouille sort de ses réseaux. En pleine nuit, les ombres rôdent près de nos petits postes :

« — Halte-là !

« — Mackensen !

« — Halte-là !

« — Mackensen !

Tac !...

C'est fini... Et jamais plus le Boche ne terminera son carnet de route. Sa vie, lumineuse jusque-là, s'est éteinte soudain devant Reims, par un beau soir d'avril ; alors que, la veille, il écrivait encore ses impressions :

« Devant moi, Reims, dans l'azur du ciel ; les alouettes chantent et, sur les fils de nos réseaux, les hirondelles se posent ».

Le Boche ne rêvera plus : ses yeux ne verront plus « le ravissant coup d'œil d'un matin de printemps dans la tranchée ».

Sa tâche est finie. Et, malgré que c'était un ennemi, les soldats qui déposèrent le cadavre dans la tombe, ne purent s'empêcher de penser : « C'était un brave ! »

Tranchée de la Butte de Tir. — 27 avril 1916.

UN INCENDIE DANS LA VILLE MARTYRE

Les courlis piaillent sur la plaine, les alouettes se sont tues et le soir descend lentement, enveloppant la nature et les hommes. Les derniers rayons du couchant lament le ciel d'orage : c'est la nuit.

*
* *

Dans mon poste de commandement, la lampe est allumée; mes officiers jouent aux cartes, après le dîner qui vient de finir et, parmi les spirales bleues des cigares, les rires s'envolent.

Tout à coup on frappe à la porte :

« — Entrez ! »

C'est un de mes agents de liaison.

« — Mon capitaine, me dit-il, haletant, comme un homme qui a couru, les Boches viennent d'incendier en ville ! »

Nous sortons aussitôt et grimpons sur le parapet de la tranchée.

Hélas ! quel spectacle ! Dans l'obscurité, des torrents de flamme se tordent sur le ciel. Le brasier grandit, de maison en maison ; à la jumelle, on distingue les tourbillons de fumée qui courent à l'horizon.

Les Barbares, de leurs observatoires, ont vu leur crime et ils rient, car soudain, du Fort de N... un bruit mat se fait entendre : le départ des grosses pièces d'artillerie lourde.

Non contents d'avoir — grâce à leurs obus incendiaires — allumé ce brasier, les Boches veulent entretenir le sinistre : ils tirent dans le foyer, torche vengeresse !... Les gros obus sifflent au-dessus de nos têtes — des 210 au moins — et l'on entend alors le fracas de la mitraille qui tombe en ville.

« C'est au B... » dit un poilu. Car vous pensez bien que les têtes émergent des tranchées et assistent au spectacle d'horreur. A chaque nouveau projectile qui passe, on entend un cri, toujours le même, parce qu'il part du même cœur de Français : « Oh ! les lâches, les lâches ! »

Oui, ce sont des lâches, car la pauvre ville souffre depuis le mois de septembre 1914.

Avec un héroïsme surhumain, elle est restée, cible vivante, à recevoir les coups de l'ennemi. Les plaies sont innombrables ; elle perd un peu plus de sang chaque jour, en même temps un peu plus de beauté : elle s'anémie ; mais, miracle : elle vit quand même !

Et l'incendie ensanglante de ses lueurs pourpres les hautes tours de la cathédrale...

On devine, là-bas, des larmes ; mais ici, aux créneaux, la voix de Jehanne nous crie : « Courage ! laissez frapper les bourreaux ! »

Et une voix mystérieuse passe à nos oreilles : « On les aura ! »

Butte de tir. — 11 mai 1916.

L'INSECTE

J'étais dans ma tranchée, entre deux murailles de craie.
Sur le parapet, des touffes de fleurs retombaient en pluie d'or.
Les chardons mettaient des points mauves parmi les teintes des pâquerettes et des résédas sauvages.
J'allais poser le pied à terre, mais je le tins en l'air : un insecte charmant se sauvait devant moi, si vite, si vite, que j'eus pitié de sa faiblesse.
Il était mordoré, tel un scarabée. Ses ailes formant carapace avaient des reflets d'arc-en-ciel, et ses longues antennes tremblaient devant sa tête minuscule.
Une idée folle me traversa l'esprit : quel joli pendentif l'on ferait avec ce bijou naturel !
Le vieux Lesaint — un de mes poilus — ferait l'objet en aluminium et l'on enfermerait l'insecte dedans.
Oui, sans doute, mais il faudrait tuer cette fleur vivante. Il faudrait appeler un de mes infirmiers pour faire respirer à cette bête inoffensive un parfum meurtrier. J'hésitai...
Un obus siffla au-dessus de ma tête. La guerre passa devant moi, avec son cortège de mort...
Je posai l'insecte dans la verdure. Tout frétillant, voulant me mordre pour me remercier, il se sauva, si vite, si vite, qu'il retomba sur le dos.
J'allais le redresser lorsqu'il se remit lui-même d'aplomb et disparut dans une anfractuosité de pierre.
Quelle drôle de guerre, tout de même !
J'aurai tué des hommes sans sourciller et j'hésite à écraser un insecte !
Oui, mais ces hommes-là, ce sont... des Boches !

Tranchées de la Butte de tir. — 15 mai 1916.

BÉTHENY

C'est le matin. Il fait tiède, nous sommes en mai. Par les rues désertes de Reims, je gagne à cheval le faubourg Cérès, puis la rue de Bétheny ; là, le chemin est barré par des tranchées camouflées et d'innombrables réseaux. A pied, je suis guidé par mon cycliste G..., la piste défilée. Nous traversons des champs, des jardins où l'herbe a envahi les allées, mais dans lesquels fleurissent quand même des roses odorantes et des iris qui se frayent un passage à travers les lianes échevelées... Des écriteaux jalonnent la route qu'il nous faut abandonner pour descendre dans un boyau.

Le trajet est long, pénible, d'autant plus que le soleil darde sur nous ses rayons brûlants.

Au loin, devant nous, des shrapnells éclatent en flocons blancs.

« — Ils ont dû voir nos travailleurs », me dit G... Mes hommes travaillent, en effet, non loin de là.

Tout à coup, dans une touffe d'arbres, mon cycliste me montre une ruine altière, mais combien pitoyable !... C'est l'église de Bétheny !... Une rosace de pierre, restée inviolée par les barbares, semble défier l'ennemi ; elle auréole ce village martyr.

Nous arrivons au cimetière et nous voici à l'entrée de la grande rue ; une sentinelle me présente l'arme. Nous voici dans Bétheny.

Quelle vision d'horreur !...

Bétheny, que j'avais traversé naguère, le jour de la revue du tsar ; Bétheny, où s'entassaient alors une foule de gens, des autos, tout un monde grouillant, allant applaudir notre splendide armée, défilant devant Nicolas II ; Bétheny, berceau de notre aviation, c'était donc cela aujourd'hui !... Plus une maison debout, des blessures partout, partout des ruines (oh ! l'avouerai-je ?) des ruines de beauté, comme nulle part ailleurs je n'en avais encore vues, des ruines qu'il faudra laisser debout pour la postérité parce qu'elles crient : vengeance !

Le lieutenant S..., un de mes officiers, m'attend pour me faire visiter Bétheny, ou du moins ce qu'il en reste.

La rue principale est bordée maintenant de dentelles de pierre, tant les obus ont labouré chaque habitation.

Et, cependant, parmi cet amas de moellons, des êtres vivent et rient ; des « poilus » y tiennent garnison et vous les voyez laver leur linge en ce jour de printemps ; les marmites fument (ça embaume le rata !) et, dans une cage d'osier, des tourterelles chantent.

La vie parmi la mort, quel contraste !...

Mais, devant nous, l'église de Bétheny nous apparaît ; seul, le portail est debout, étincelant, avec ses mosaïques d'or, devant lesquelles se dressent, intactes, les statues du Bon Pasteur, de Notre-Dame-des-Champs et de Jeanne d'Arc...; à terre gît, brisée, celle de saint Sébastien... Tout le reste du temple de Dieu s'est écroulé.

Nous y entrons. Plus de toit, le maître-autel est pulvérisé ; un trou géant lui sert de fond ; à terre, la chaire...

Des pierres et encore des pierres encombrent les bas-côtés ; sur plusieurs d'entre elles, on voit des fragments de sculptures, des moulages.

Tout cela est mort, bien mort... Et, pourtant, non. Dans un coin, à droite, vous remarquez des drapeaux tricolores ; c'est l'autel sur lequel, chaque dimanche, un saint vient dire la messe.

Un saint ? oui, certes. C'est bien le nom qui convient à ce vieux curé, qui, bravant la mitraille, a voulu rester seul, dans le désastre, seul « civil » au milieu de nos soldats. Il ne craint pas la mort, celui-là ; aussi, peut-il porter fièrement sur sa soutane le ruban de la Légion d'honneur.

On a parlé, en 70, du curé de Bazeilles ; le curé de Bétheny a droit, lui aussi, à sa place dans l'Histoire.

Vous demanderez à nos vaillants chasseurs de vous conter ses exploits.

Nous sortons, S... et moi, de ces décombres. Hélas ! Ce n'est que pour en trouver d'autres, plus lamentables encore.

Le soleil, ardent, fouette toutes les façades éventrées et ce qui fut la mairie est quelque chose d'effrayant sous cette lumière aveuglante ; des lambeaux de pierre, des trous, des pans de murs, mal équilibrés, tout cela d'une blancheur crue, se détachant sur un ciel bleu lapis.

Et du silence, partout ; de l'angoisse, du vide, de la désolation. *Ils* ont tout anéanti, tout fauché avec leurs 105 et leurs 210, sans pitié, avec la fureur des Germains et, maintenant, ils ne veulent même plus que l'on reconstruise et ils tirent des shrapnells sur nos travailleurs !

***

Plus tard, après la victoire, des étrangers — et, espérons-le, tous les Français — se rendront en pèlerinage ici. Alors, quand ils verront ces plaies béantes, ils n'auront pas assez de haine pour ces égorgeurs de femmes, de vieillards et d'enfants, dignes fils des Huns, honte de l'humanité !

Bétheny, — 19 mai 1916.

APPENDICE

Œuvres de René Thorel

L'œuvre écrite de René Thorel est considérable. Sans parler des manuscrits qu'il a laissés inachevés, la seule nomenclature qui suit — et qui n'est sans doute pas complète — donnera une idée de son labeur d'écrivain. Ce qui le caractérise surtout, c'est encore son désintéressement. Thorel n'était, à proprement parler, ni un professionnel, ni un amateur de la plume. Il se souciait peu de la gloire littéraire ou du profit qu'on en peut tirer. Il ne faisait partie d'aucun clan, d'aucune chapelle. Il faisait même assez bon marché de la forme. Allant droit au but, d'un style simple et vif comme lui, il n'écrivait que pour répandre ses idées. Et ses idées se résumaient, toutes, en ce noble programme : « Pour le Beau, pour le Bien, pour la Patrie ! »

OUVRAGES EN LIBRAIRIE

Un Cercle pour le Soldat, afin d'occuper ses loisirs à la caserne et au dehors, avec préface d'Alfred Mézières, de l'Académie française, et illustrations de Pierre Comba et Dick de Lonlay (E. Sansot, éditeur, 1909).

Admission des Officiers de Réserve dans l'armée active (historique de la titularisation), avec préface du général de Lacroix (L. Fournier, éditeur, 1915).

De l'Influence du Cadre dans les œuvres d'art, plaquette (Tequi, éditeur, 1904).

ESSAIS, ARTICLES, PUBLICATIONS DIVERSES

Sujets patriotiques et militaires

Articles concernant le *Cercle pour le soldat* et les œuvres militaires :

Echo de Paris : (16 juillet 1907). — *The Union Jack-Club*, à Londres.

Les Annales Politiques et Littéraires : (1er novembre 1908). — Un Cercle pour le Soldat ;

Les Annales Politiques et Littéraires : (17 octobre 1909). — Les « Bleus » à la Caserne ;

Les Annales Politiques et Littéraires : (19 novembre 1911). — Le Cercle des « Bleus ».

Les Annales Politiques et Littéraires : (13 septembre 1908). — La Revue de Strasbourg aux grandes manœuvres allemandes ;

Les Annales Politiques et Littéraires : (4 septembre 1910). — Le monument des « Braves Gens » ;

Les Annales Politiques et Littéraires : (25 septembre 1910). — La Dernière journée des grandes manœuvres françaises ;

Les Annales Politiques et Littéraires : (25 mai 1913). — Le rôle des femmes en cas de guerre (Une idée généreuse de Mme Jane Dieulafoy).

L'Avenir du Pas-de-Calais : (3 mars 1907). — Une soirée au 33ᵉ régiment d'infanterie, à Arras.

La France militaire : (27 septembre 1907) I. — Le Sous-officier d'Infanterie ;

La France militaire : (28 septembre 1907) II. — Le Sous-officier d'Infanterie ;

La France Militaire : (29 septembre 1907). — III. Le Sous-officier d'Infanterie ;

La France militaire : (10 novembre 1907). — De l'Unité de l'Instruction des hommes de troupes ;

La France militaire : (15 novembre 1907). — Le Sous-officier rengagé célibataire ;

La France militaire : Une représentation théâtrale chez les sapeurs pompiers.

L'Echo de Paris : (24 septembre 1908). — La Leçon du Passé (Impressions d'un pèlerinage aux champs de bataille d'Alsace-Lorraine).

Le Matin : (12 avril 1903). — Lettre sur la myopie.

BEAUX-ARTS. — MUSIQUE

Les Annales Politiques et Littéraires : (3 novembre 1907). — Camille Saint-Saëns à Dieppe ;

Les Annales Politiques et Littéraires : (8 décembre 1907). — *Prométhée*, de Gabriel Fauré, à Paris et à Béziers ;

Les Annales Politiques et Littéraires : (5 avril 1908). — *Henri VIII* et Saint-Saëns ;

Les Annales Politiques et Littéraires : (10 mai 1908). — Camille Saint-Saëns aux *Annales* ;

Les Annales Politiques et Littéraires : (4 avril 1909). — *Phryné*, de Saint-Saëns, au Trianon-Lyrique ;

Les Annales Politiques et Littéraires : (18 avril 1909). — La *Foi*, par E. Brieux, musique de Saint-Saëns, au Théâtre de Monte-Carlo ;

Les Annales Politiques et Littéraires : (27 février 1910). — La *Marche funèbre* et la mort de Chopin ;

Les Annales Politiques et Littéraires : (21 avril 1912). — Le campanile de Venise ;

Les Annales Politiques et Littéraires : (23 juin 1912). — Les Arènes de Lutèce.
Les Arts : (Mars 1904). — Le Rétable d'Isaac La Tourette (P.-de-D.);
» (Novembre 1916). — La Châsse en émail bleu de Mozac (Puy-de-Dôme).
Le Carnet : (Janvier 1904). — Mme Sarah Bernhardt dans la *Sorcière ;*
» (Février 1904). — De l'Influence du Cadre dans les œuvres d'art ;
» (Avril 1904). — Mme Sarah Bernhardt dans *Bohémos ;*
» (Avril 1904). — Les peintures de M. René Rat (Galerie Georges Petit) ;
» (Juin 1905). — Profils d'artistes : La Duse et Sarah Bernhardt.
L'Echo de Paris : (27 octobre 1907). — Camille Saint-Saëns.
Le Gaulois du Dimanche : (23 août 1902). — *Parysatis,* de Camille SAINT-SAËNS, aux Arènes de Béziers.
Le Gaulois : (17 mai 1903). — *Genèse d'Henri VIII,* de Camille SAINT-SAËNS ;
Le Gaulois : (24 avril 1905). — Un passe-temps de Mme Sarah Bernhardt.
Le Journal de la Jeunesse : (6 février 1903). — L'art byzantin et les mosaïques de Ravenne ; Un costume de Théodora ; La collection Tomy Thiéry au Louvre.
Le Monde Musical : (30 juillet 1903). — La 200e représentation de *Samson et Dalila,* de Camille SAINT-SAËNS.
Musica : (Juin 1903). — *Henri VIII,* de Camille SAINT-SAËNS, à l'Opéra ;
Musica : (Août 1903). — *Parysatis* et *Déjanire,* de Camille SAINT-SAËNS, aux Arènes de Béziers ;
Musica : (avril 1904). — *Hélène,* de Camille SAINT-SAËNS, à Monte-Carlo ;
Musica : (Juin 1907). — Camille Saint-Saëns intime ; Le Musée Saint-Saëns à Dieppe ;
Musica (mars 1908) : — La maison où mourut Wagner à Venise.
La Nouvelle Revue : (1er septembre 1901). — De l'interprétation de l'Art.
Les Nouvelles Illustrées, supplément de l'*Illustration :* (18 août 1903). — Le Théâtre en plein air à Béziers.
La Vie qui passe : (19 avril 1905). — Le peintre William Ablett.

IMPRESSIONS, FANTAISIES, DIVERS

Les Annales Politiques et Littéraires : (8 mars 1908). — Une visite aux « rescapés » de la catastrophe de Courrières (1906) ;
Les Annales Politiques et Littéraires : (11 juillet 1909). — La famille Gayant à Douai.
Femina : (1er février 1908). — Mme Jane Dieulafoy en Espagne.
Le Gaulois du Dimanche : (29 septembre 1900). — *Adou Lahi,* conte vécu ;

Le Gaulois du Dimanche : (20 avril 1901). — Le Bazar de la Charité, Souvenirs ; Le Marché aux cheveux dans le Puy-de-Dôme.

Je sais tout : (octobre 1905). — Meva, l'homme de la nature.

Le Journal de la Jeunesse : (18 août 1907). — Au pays des pêcheurs d'Islande ; l'Elevage des huîtres, à Arcachon ; les Boulangers à travers les âges.

La Revue Illustrée : (1er septembre 1900). — Madame Jane Dieulafoy.

René Thorel collabora également, par intermittences, à *Armée et Marine*, *Comœdia*, *Excelsior*, à la *Plume et l'Epée*, à la *Revue littéraire*, etc.

ŒUVRES POÉTIQUES ET DRAMATIQUES

Poèmes

Le Rêve (A lire devant le tableau d'Edouard Detaille) ; *Aux soldats de 1914* ; *La Berceuse des Tout petits*.

Pièces a chanter et a dire

Pour les Pauvres ! monomime interprété par Mlle Mante, de l'Opéra, au Théâtre Sarah Bernhardt ; *La Chanson du Rouet ! L'Hymne de l'Aviation*, sous le pseudonyme de Jacques Birbal, etc., etc.

DISTINCTIONS HONORIFIQUES

René Thorel — on l'a vu dans la préface de ce livre — était le plus modeste et le plus désintéressé des hommes. Il poussait l'honnêteté jusqu'au scrupule et eût rougi d'indignation qu'on pût lui attribuer, dans tout ce qu'il entreprenait, le moindre mobile de lucre ou d'ambition. Avant tout, il s'occupait des autres, de « ses hommes » surtout. Lui, qui avait obtenu une vingtaine de croix de guerre, pour ses poilus, n'eut la sienne qu'après sa mort. Lui, le fondateur du *Cercle national pour le soldat de Paris*, l'officier modèle, le héros de Verdun n'eut point la récompense nationale qu'il méritait à tant de titres : la croix d'honneur...

Nous avons donné, plus haut (1) le texte de sa citation à l'ordre de la Division, comportant la croix de guerre.

Antérieurement, lorsqu'il suivait les cours spéciaux de l'Ecole militaire à l'usage des officiers, René Thorel avait obtenu plusieurs citations flatteuses — insérées au *Journal officiel*, en 1910, 1911 et 1912 — en témoignage du zèle et de l'intelligence avec lesquels il accomplissait ces périodes d'instruction volontaires, qui se renouvelèrent jusqu'à la veille des hostilités.

Officier d'Académie, le fondateur du *Cercle du soldat de Paris* s'était vu décerner le 7 juillet 1912, la médaille de vermeil de la « Société nationale d'Encouragement au bien » et, le 8 juin 1913, un des prix Montyon, de l'Académie française.

---

(1) Voir page 19.

TABLE DES MATIÈRES

	Pages.
René Thorel, par Henri Nicolle	5

SOUVENIRS DE GUERRE
de René Thorel

L'anniversaire	25
Mes hommes	29
Linchamps	31
La marche au feu	34
Bouvellemont	36
Le guet-apens d'Ecordal	39
Le lieutenant Violette	42
Le petit Breton	44
La Fère-Champenoise	46
Les étapes d'un blessé	49
Tranchées du bois des X...	51
Un concert sous les obus	54
La fête de l'Empereur	57
La vie sous terre (I. La relève ; II. Mon poste de commandement ; III. La nuit dans mon poste de commandement)	59
La « popote » des officiers	64
La cathédrale	67
La messe devant l'ennemi	69
La manœuvre interrompue	71
Les religieuses de Reims	72
Sœur « Quinze Grammes »	74
Mes poilus	77
A un mètre des Boches	81

Au cimetière du Nord...	83
Balembois I...	86
Balembois II..	90
Une nuit agitée...	94
Mort de faim...	98
La bombe incendiaire..	100
Le printemps à la guerre...	102
En haut d'une cheminée..	104
Le chevalier aux fleurs...	107
Une inspection mouvementée.....................................	109
Quatre jours aux tranchées de première ligne.....................	111
Maurice Lamort	120
L'infirmier qui attend un client...................................	122
L'imprudence	125
La chasse dans la nuit..	127
Alerte !...	129
Ils minent !...	132
Les rats	134
Une visite au château de S...	136
La boue	138
Une visite à la ferme d'A...	140
Noël sous les obus...	143
Les enfants sous les obus..	145
La femme de France...	147
Une visite à Guynemer...	149
Le Boche	152
Un incendie dans la ville martyre................................	154
L'insecte	156
Bétheny	157

Appendice

Œuvres de René Thorel (ouvrages en librairie. — Essais, articles, publications diverses)	161
Distinctions honorifiques	164

Impr.-Libr. Militaire Universelle L. Fournier, 264, Boulev. Saint-Germain, Paris.

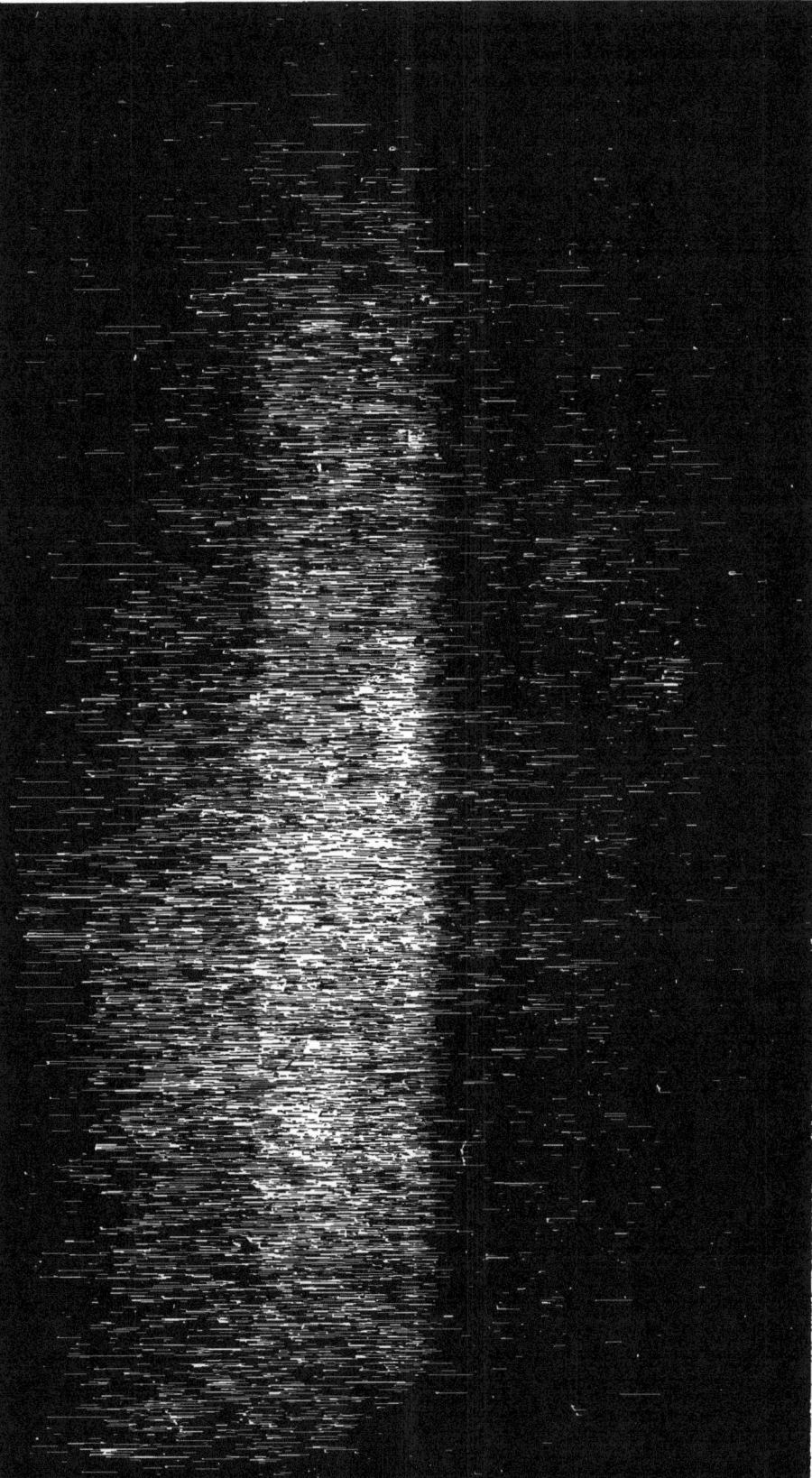

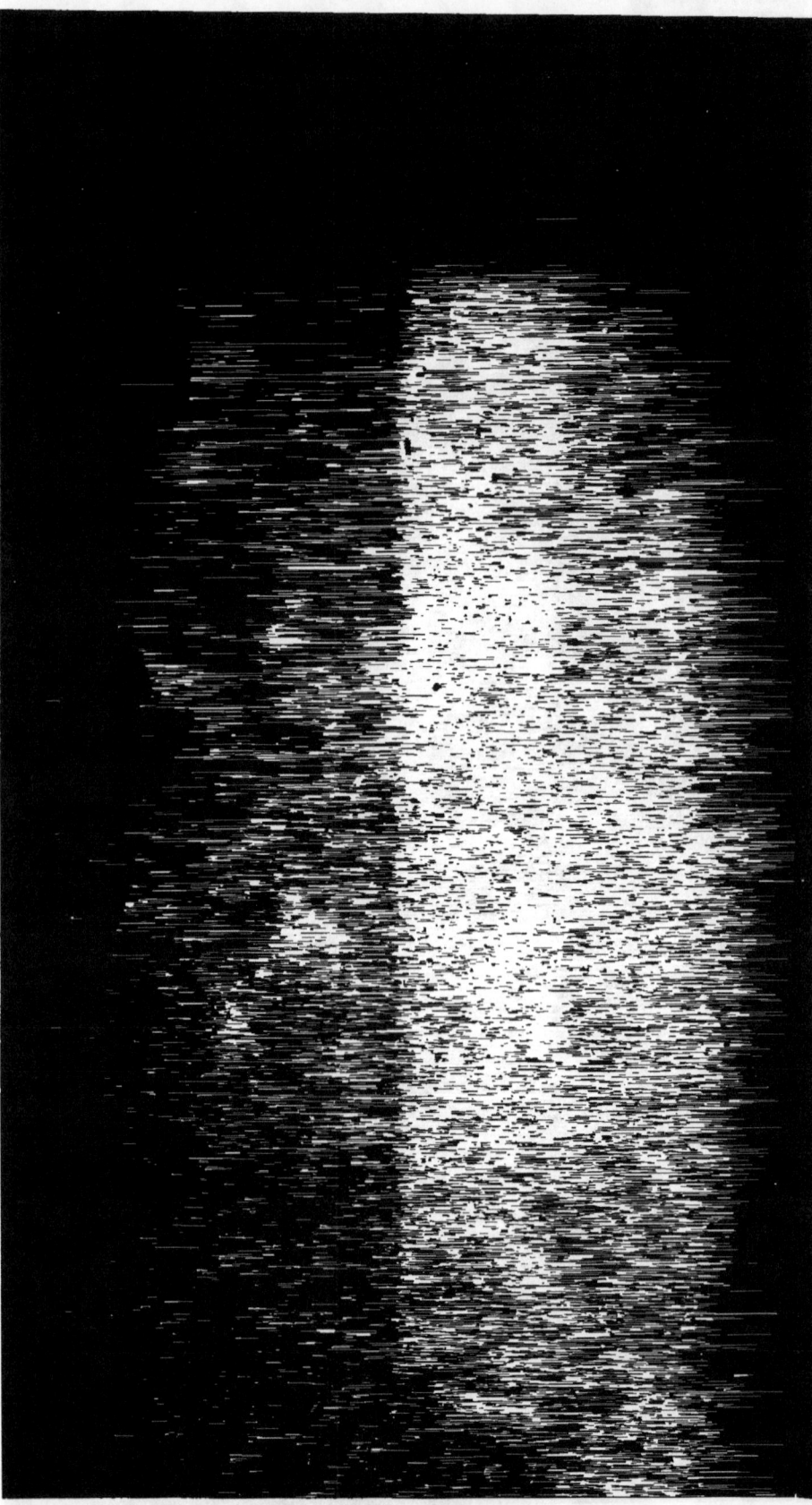

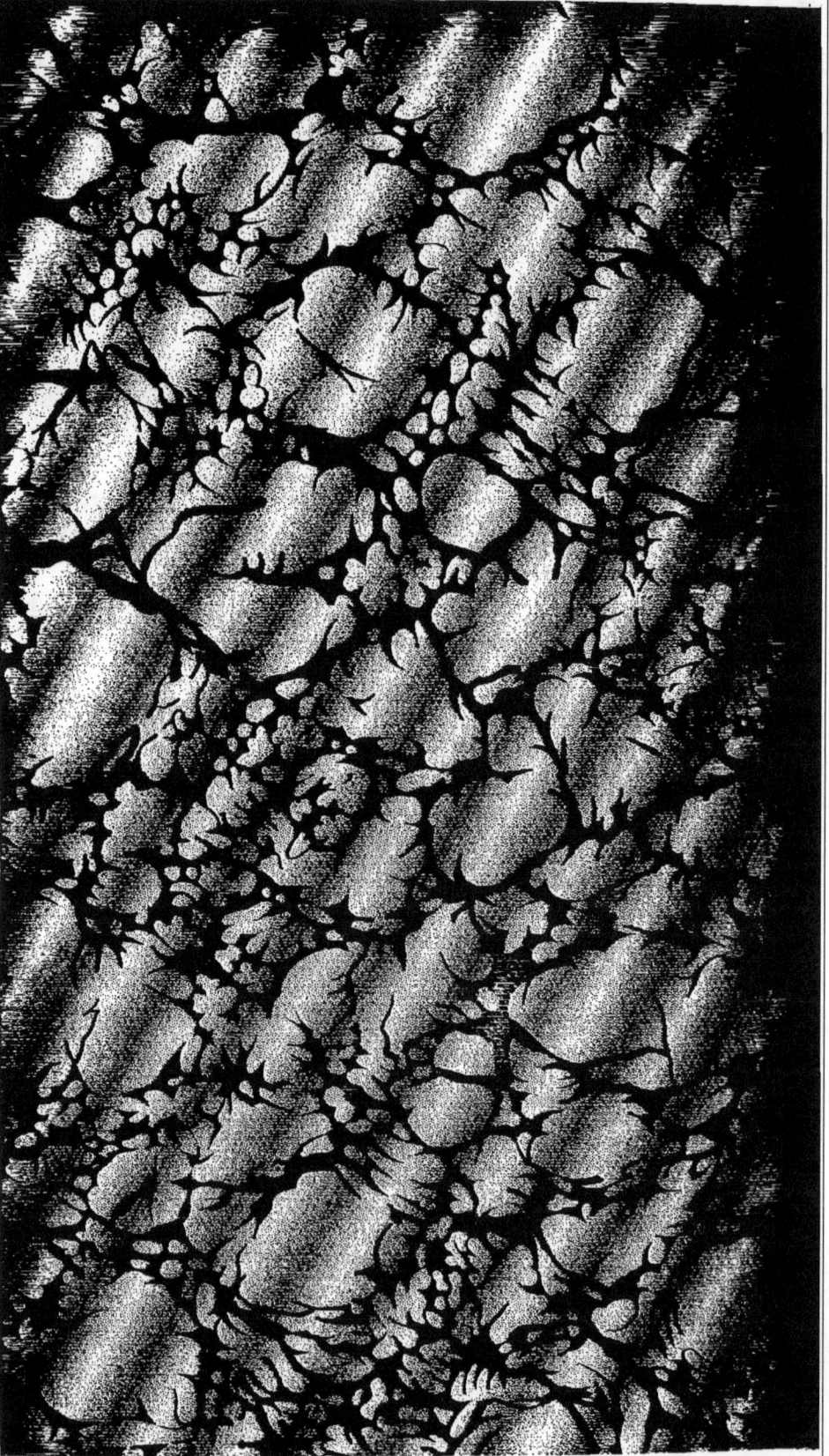

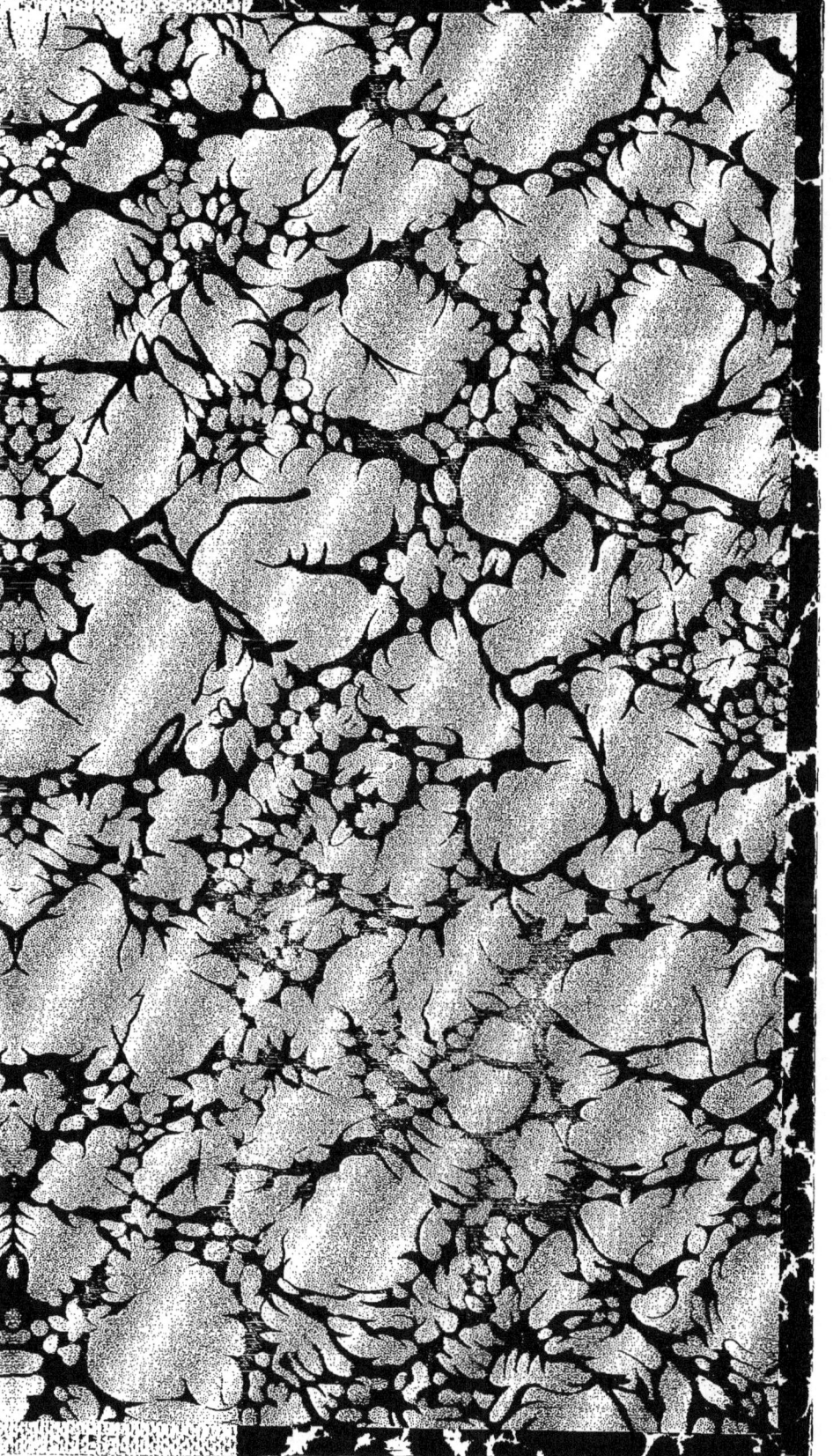

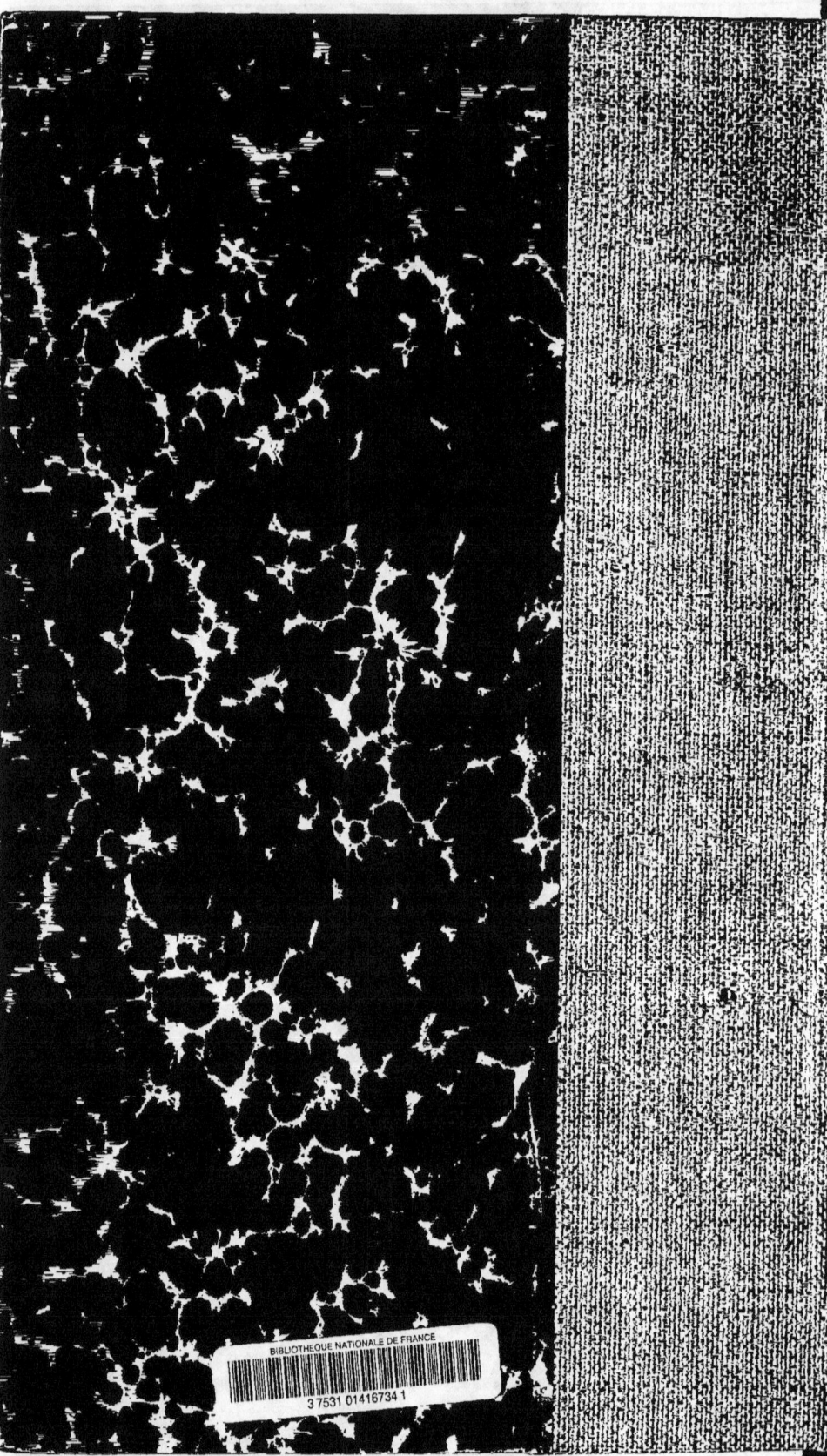

www.ingramcontent.com/pod-product-compliance
Lightning Source LLC
Chambersburg PA
CBHW070658100426
42735CB00039B/2315